LICHTER

Zwei Länder, zwei Orte, ein Fluss. Die Oder trennt nicht nur das deutsche Frankfurt vom polnischen Sublice, sondern ganze Welten. In lose miteinander verwobenen Geschichten erzählt LICHTER von Menschen auf beiden Seiten der Grenze, von Verlierern und vermeintlichen Gewinnern der Wohlstandsgesellschaft. Zum Beispiel Andreas, der junge Zigarettenschmuggler, der durch eine unerwiderte Liebe zum Verräter wird. Oder Ingo, der Pächter eines Matratzenladens, der vor dem Bankrott steht. Antoni, ein polnischer Taxifahrer, der dringend Geld für das Kommunionskleid seiner Tochter braucht. Da sind Kolja, Anna und Dimitri, drei Ukrainer, die von Schleppern auf der falschen Seite der Grenze ausgesetzt werden. Sonja, die für den Grenzschutz dolmetscht und der einer der Fälle mehr zu Herzen geht, als ihr Freund das wahrhaben will. Und Philip, ein junger Architekt, der mit der harten Realität des Geschäfts noch nicht vertraut ist.

Hans-Christian Schmid, 1965 in Altötting geboren, studierte an der Hochschule für Fernsehen und Film in München. 1996 Kinodebüt mit »Nach fünf im Urwald«. 1998 folgte der Spielfilm »23«, zwei Jahre später »Crazy«.

Michael Gutmann, 1956 in Frankfurt am Main geboren, ebenfalls Studium an der HFF in München, arbeitet als Regisseur und Autor. Fernsehfilme »Nur für eine Nacht« und »Glatteis«.

Beide Autoren verfassten gemeinsam die Filmbücher »23 - Geschichte des Hackers Karl Koch«, »Crazy - Das Buch zum Film« und »Drei Drehbücher«.

LICHTER

Drehbuch von
Hans-Christian Schmid
Michael Gutmann

Verlag der Autoren

Bibliografische Information Der Deutschen Bibliothek
Die Deutsche Bibliothek verzeichnet diese Publikation in der Deutschen Nationalbibliografie; detaillierte bibliografische Daten sind im Internet über http://dnb.ddb.de abrufbar.

Druck: betz-druck GmbH, Darmstadt
Printed in Germany
ISBN 3-88661-262-7

Wie ein Ufo, das am Flussufer gelandet ist, liegt der Grenzübergang in der Morgendämmerung vor uns. Wir tauchen in grelles Neonlicht ein, durchschreiten eine massive Drehtür aus Glas und Metall, die wir »meat machine« nennen, und reihen uns in die Schlange der Pendler ein, die täglich zu Fuss die Oderbrücke überqueren.
Der deutsche Grenzschützer zieht meinen Personalausweis durchs Lesegerät, sieht mir kurz ins Gesicht. Bei Bogumil Godfreijow, unserem Kameramann aus Krakau, dauert es etwas länger. Er beantwortet geduldig ein, zwei Fragen, dann darf auch er passieren.
Sergej Frolov aus Moskau, der in »Lichter« die Rolle Dimitri spielt, erweckt das Misstrauen des Beamten. Bis alle Daten eingetippt und die Fragen beantwortet sind, vergehen Minuten. Wir warten beschämt bis die Kontrolle zu Ende ist.
Der Blick, mit dem der Grenzschützer Sergejs Pass zurück gibt, sagt ihm: Nochmal Glück gehabt!

Die Grenze reduziert die Menschen auf ein kleines Stück Papier, den Pass. Die wohlhabenden Länder des Schengen-Gebietes, in dem es keine Binnengrenzen mehr gibt, schotten sich gegen die weniger wohlhabenden Länder ab. Und damit auch gegen Menschen, die teilweise große Risiken eingehen, um ihre eigene Situation nur ein kleines Stück zu verbessern, die in den Ländern, aus denen sie stammen, weder für sich noch für ihre Kinder eine Zukunft sehen.

Probleme gibt es in der Grenzregion nicht nur wegen der Flüchtlinge - auch zwischen Deutschen und Polen sorgt die Dynamik von Reich und Arm für soziale Spannungen. Während sich die Polen dem Handel mit dem neuen Nachbarn geöffnet haben und Slubice eine florierende Kleinstadt ist, verliert das gegenüberliegende Frankfurt jährlich 2.000 Einwohner. Die Polen leben mit ihrem Gesicht zur Grenze, die Deutschen kehren ihr den Rücken zu. Viele von ihnen betreten polnisches Gebiet nur wegen der billigeren Tankstellen, kieferorthopädischen Praxen und Nachtclubs.

Die Protagonisten von »Lichter« stehen nicht stellvertretend für alle Bewohner des Grenzlandes, aber jeder von ihnen könnte hier angetroffen werden. Sie haben sich damit abgefunden hier zu leben, sind auf der Durchreise, oder wollen einfach nur weg.
Im Zentrum des Films stehen fünf sehr unterschiedliche Hauptfiguren. Dadurch verbunden, dass ihre Geschichten an einem Ort und innerhalb von zwei Tagen spielen, kämpfen sie um ihr Glück. Keiner von ihnen gibt auf, egal ob es um den Kauf eines Kommunionskleides oder - wie im Falle der Migranten aus der Ukraine - um Leben und Tod geht.

Am Anfang der Buchentwicklung stand ein Zeitungsbericht mit der Überschrift »Liegnice statt London«. Er gab für uns den Ausschlag, uns näher mit der Situation an der Grenze zu beschäftigen. In dem Artikel war die Rede von Flüchtlingen, denen man versprochen hatte, sie seien kurz vor London, als man sie aus dem Lastwagen steigen ließ, in dem man sie durch die Ukraine und Polen transportiert hatte. Tatsächlich setzte man die Gruppe in einem Waldstück in Polen ab, kurz vor der Grenze nach Deutschland.

Obwohl wir mehrmals nach Frankfurt an der Oder und Slubice fuhren, um zu recherchieren, sind ein Teil der Geschichten, die wir in »Lichter« erzählen,

frei erfunden. Jemandem wie der Dolmetscherin Sonja, die die Beziehung zu ihrem Freund aufs Spiel setzt, um dem Flüchtling Kolja zu helfen, sind wir nicht begegnet.
Eine Dolmetscherin aus Berlin hat uns jedoch davon erzählt, wie sie das Schicksal der Flüchtlinge oft berühren würde. Manchmal so, dass sie nach einem Verhör, in einem unbeobachteten Moment, einfach losheulen müsste.

Auch für Ingo, den Matratzenhändler, und seine Mitarbeiterin Simone gibt es keine direkten Vorbilder in der Wirklichkeit. Dass es schwer ist, in Frankfurt Matratzen zu verkaufen, merkten wir schon bei unserem ersten Besuch: Gerade hatte der einzige Matratzendiscount dicht gemacht, der Laden stand leer.

Auf die Geschichte von Katharina, dem Mädchen, das Zigaretten schmuggelt, sind wir über Umwege gekommen. Zunächst wollten wir einen jungen Grenzschützer portraitieren. Wir begleiteten die BGS-Leute tagelang, fuhren mit ihnen Patrouille auf der Oder, waren nachts an der Grünen Grenze unterwegs und nahmen sogar an einer Schießausbildung teil. Obwohl unsere Vorstellungen vom Alltag eines Grenzschützers immer konkreter wurden, entwickelte sich daraus keine Geschichte. Bis wir bei unserem letzten Treffen von einem Mädchen hörten, das gemeinsam mit ihrem Freund Zigaretten im Zug von Slubice nach Frankfurt geschmuggelt hatte.
Dieses Bild - ein Mädchen, das auf einem Mofa neben einem Zug her fährt, aus dem ihr Freund Zigaretten wirft - wurde schließlich der Auslöser für eine Geschichte.

Aus einem knappen Dutzend wählten wir fünf Geschichten aus, die wir in »Lichter« erzählen wollten. Sie sollten sich thematisch ähneln, ohne sich zu wiederholen. Jede Geschichte sollte das Leben an der Grenze aus einem anderen Blickwinkel schildern.

Neben dem Thema verbindet die Geschichten auch der Ort, an dem sie spielen, und die Zeit, die sie brauchen, um sich zu entwickeln. Wie bei einer Kurzgeschichte wird nur ein entscheidender Moment im Leben der Protagonisten geschildert. Der in einem Drehbuch sonst übliche erste Akt entfällt; man steigt so spät wie möglich in die einzelnen Geschichten ein. Oft sogar so knapp, dass man, wie etwa im Fall der Dolmetscherin Sonja, erst nach ihrer ersten Szene erkennt, dass es ihre Geschichte ist, die nun weiter erzählt wird. Geschichten, die einen längeren Atem benötigen, haben wir - manchmal schweren Herzens - verworfen.

Parallel zur Entwicklung der einzelnen Handlungsstränge machten wir uns Gedanken über deren mögliche Verknüpfung. Es sollte zumindest theoretisch möglich sein, von jeder Figur des Drehbuchs eine Linie zu jeder anderen Figur zu ziehen. Andererseits wollten wir diese oft manieriert wirkenden Verbindungen nicht in den Vordergrund stellen und haben versucht, möglichst ohne großen Erzählaufwand zu den Berührungspunkten zu kommen. Figuren wie Milena, die Antonis Frau ist und bei Ingo arbeitet, oder Beata, die sich eine Wohnung mit Kamil teilt und gleichzeitig Kontakt zu Philip und dem Bauherrn Wilke hat, stellen beiläufig solche Verknüpfungen her.

Dort, wo die Lichter sind, das ist Berlin, sagt der Schlepper zu den Flüchtlingen und lässt sie im Wald zurück. Sie kommen aus dem Osten und träumen von einem besseren Leben im Westen. Den Menschen im Westen bleibt oft nicht einmal dieser Traum. Die Realität im Hinterhof von Europa ist düster.

Nur manchmal, wenn es gelingt, eine Schneise durchs Gestrüpp zu schlagen, wird das Leuchten kurz stärker. Wenn in der letzten Szene die Kinder ihre Kommunionskerzen entzünden, ist das ein glücklicher Moment, dem sie lange entgegengfiebert haben. Zur gleichen Zeit haben sich die Hoffnungen anderer Menschen nicht erfüllt. Sie sind betrogen worden, in eine verzweifelte Situation geraten oder einem Irrlicht gefolgt.

Hans-Christian Schmid
Michael Gutmann

LANDSTRASSE AUSSEN/TAG

Im Laderaum eines LKW. Durch eine Dachluke dringt fahles Licht. Undeutlich zeichnen sich ein paar Gestalten ab.

LANDSTRASSE, BIRKENWALD AUSSEN/TAG

Der LKW hat angehalten. Schritte sind zu hören. Anspannung auf den Gesichtern. Der FAHRER öffnet die Plane. Helles Licht dringt ins Dunkel. Ein Birkenwald ist zu erkennen.

FAHRER (russisch)
Wir sind da!

Nach und nach klettern ukrainische Flüchtlinge aus dem Laderaum. Eine junge Frau, ANNA, reicht ihrem Mann, DIMITRI, ein schlafendes BABY von der Ladefläche.

Ein kleiner Zeitsprung: Etwa zehn Männer und Frauen, erschöpft von der langen Fahrt, haben sich hinter dem LKW versammelt. Der Fahrer zählt sie durch.

FAHRER (russisch)
Ich sage es nur einmal. Hört gut zu. Ihr versteckt euch jetzt in diesem Wald. Den ganzen Tag. Wenn es dunkel wird, geht ihr die Straße in dieser Richtung, bis zu den ersten Lichtern.

Der Fahrer deutet auf einen kleinen Ort.

FAHRER
Das zweite Haus auf der linken Seite, da werdet ihr erwartet. Und von dort bringt man euch in die Stadt.

Ein Flüchtling, KOLJA, Mitte dreißig, meldet sich zu Wort.

KOLJA (russisch)
Ist das Berlin?

FAHRER (russisch)
Berlin. Ja. Berlin.

Dieses Zauberwort lässt die Flüchtlinge lebendig werden. Sie flüstern aufgeregt. Nur Annas Blick ist nachdenklich. Sie sieht sich noch einmal nach dem Lastwagen um, während die Gruppe sich auf den Weg in den Wald macht.

KUNOWICE, BAHNHOF AUSSEN/TAG

Der Reisezug aus Warschau fährt ein. Eine Lautsprecheransage kündigt an, dass dies der letzte Bahnhof vor der deutschen Grenze ist und der Zug nach Berlin weiterfährt. Zöllner und Grenzbeamte steigen in den ersten Waggon. MARKO, 18, steigt in den letzten Waggon.

BAHNDAMM, STADTRAND FRANKFURT/ODER AUSSEN/TAG

KATHARINA, 15, blass, erwachsenes Gesicht, fährt auf einem Mofa. Leicht nach vorn gebeugt, Augen zusammengekniffen.

REISEZUG WARSCHAU-BERLIN INNEN/TAG

Marko steht im Flur am offenen Fenster. Fahrtwind bläst ihm ins Gesicht. Draußen fliegt die Oder-Landschaft vorbei. Am anderen Ende des Waggons tauchen deutsche und polnische Zollbeamte auf. Marko verschwindet in einem leeren Abteil, zieht die Vorhänge zum Flur zu. Er öffnet den Reißverschluss einer billigen Reisetasche. Darin sind mehrere Päckchen. Als er Katharina neben dem Bahndamm fahren sieht, wirft er das erste Päckchen aus dem Fenster.

BAHNDAMM, STADTRAND FRANKFURT AUSSEN/TAG

Die Päckchen landen am Fuß der Böschung. Katharina stellt das Mofa ab, läuft los und sammelt sie ein.

REISEZUG WARSCHAU-BERLIN INNEN/TAG

Marko verlässt das Abteil und stößt auf zwei Zöllner.

ZÖLLNER
Ihre Papiere bitte.

Marko zeigt seinen Ausweis. Der Zöllner prüft ihn kurz, nickt Marko zu und geht weiter.

LANDSTRASSE* AUSSEN/TAG

Katharina auf dem Mofa. In den Satteltaschen die Päckchen.

ERZIEHUNGSHEIM, FRANKFURT/ODER* AUSSEN/TAG

Ein Heim für schwer erziehbare Jugendliche ein paar Kilometer außerhalb der Stadt. Ein Zweckbau aus DDR-Zeiten, umgeben von hohem Drahtzaun.

Katharina reißt eines der sechs Päckchen auf. Zigarettenstangen kommen zum Vorschein. Ein MÄDCHEN sieht Katharina vom Fenster ihres Zimmers aus.

MÄDCHEN #1
Katharina ist hier!

Ein paar andere MÄDCHEN kommen aus dem Haus gelaufen.

MÄDCHEN #2
Hey Katharina. Ich möcht mal
wissen, wie du hier rausgekommen bist.

KATHARINA
Is'n Geheimnis.

MÄDCHEN #2
Jetzt sag schon!

KATHARINA
Nee. Aber eins weiß ich: Rein kriegen die mich nicht mehr.

MÄDCHEN #1
Gibst du mir ne Schachtel?

KATHARINA
Nur wenn du zahlst.

MÄDCHEN #1
Schenk mir eine!

Katharina geht nicht auf die Bitte ein. Sie verkauft Schachteln an andere Mädchen.

MÄDCHEN #1
Wenn du mir keine gibst, verrat ich, wo du wohnst.

KATHARINA
Du hast keine Ahnung, wo ich wohne.

MÄDCHEN
Bei Marko.

KATHARINA
Nee. Bestimmt nicht.

MÄDCHEN #1
Und wo sind dann die Zigaretten her?

KATHARINA
Geht dich nichts an!

Zwei ERZIEHER haben den kleinen Auflauf bemerkt und kommen vom Gebäude aus auf den Zaun zugelaufen.

MÄDCHEN #2 (zu Katharina)
Pass auf, da kommt Ebert!

Katharina zündet sich gelassen eine Zigarette an. Den Mädchen imponiert das. Erst als der zweite Erzieher sich von Ebert löst, um zum Tor und dann nach draußen zu laufen, setzt Katharina sich aufs Mofa und gibt Gas. Die Mädchen im Heim haben ihre Freude an dem kleinen Zwischenfall.

BAHNHOF, FRANKFURT/ODER   AUSSEN/TAG

Marko wartet am Bahnhofsplatz auf Katharina. Sie steigt vom Mofa, macht die Taschen ab, nimmt sie auf den Schoß und setzt sich auf den Gepäckträger. Marko fährt mit dem Mofa los.

LANDSTRASSE AUSSERHALB FRANKFURTS   AUSSEN/TAG

Marko und Katharina auf dem Mofa. Sie tauchen in einen dichten Laubwald ein.

HOF, MAIKS HAUS   AUSSEN/TAG

Ein schäbiges Haus, mitten im Wald. Auf dem Hof lagert jede Menge Gerümpel, in erster Linie ausgeschlachtete Autos und Reifen.

In einem Schuppen sind Löcher in den Boden gegraben. Darin befinden sich größere Vorräte an Zigarettenstangen, die durch Plastiksäcke gegen die Feuchtigkeit geschützt sind. Marko reißt die neuen Päckchen auf, gibt die Zigarettenstangen weiter an MAIK, Anfang vierzig, der sie verstaut.

MAIK
Da fehlt ne Packung.

KATHARINA
Ich hab nur fünf gefunden.

MAIK
Und die sechste? Hat sich die
in Luft aufgelöst?

Katharina gibt keine Antwort.

MAIK
Bescheißt du mich?

KATHARINA
Ich hab alles abgesucht.

MAIK
Dann sucht ihr eben nochmal!

MARKO
Die kann selber suchen. Ist doch nicht mein Problem, dass da ein Paket fehlt.

ANDREAS, 16, Markos jüngerer Bruder, hat den Streit verfolgt.

ANDREAS
Ich kann ihr suchen helfen.

Maik drückt ihm eine Blechkasse in die Hand.

MAIK
Aber erst bringst du die ins Büro. Und trag alles ein. (Zu Katharina) Nachher machst du die Küche sauber.

KATHARINA
Ich bin hier nicht die Putze!

MAIK
Wenn du nicht mithilfst, fliegst du wieder raus.

AUFENTHALTSRAUM, JOBBÖRSE FRANKFURT* INNEN/TAG

Arbeitslose warten hier auf Tagesjobs, suchen am Computer nach freien Stellen, geben Annoncen auf. KIRSTIN, Mitte zwanzig, spricht SIMONE, Mitte dreißig, an.

KIRSTIN
Haben Sie vielleicht eine Zigarette für mich?

SIMONE
Nein, tut mir leid. Ich rauche nicht.

KIRSTIN
Ja, ist besser. Ich hab eigentlich auch aufgehört.

SIMONE
Sind Sie zum erstem Mal hier?

KIRSTIN
Ja.

SIMONE
Ist nicht leicht, was zu finden - obwohl, so wie Sie aussehen, finden Sie bestimmt immer was.

Kirstin lächelt, sie freut sich über das Kompliment.

SIMONE
Na ja. Ich nehm alles, wirklich. Hauptsache es wird bar bezahlt. Aber ich hab immer Pech. Manchmal glaub ich, ich zieh die Scheiße an, ehrlich.

FLUR UND AUFENTHALTSRAUM, JOBBÖRSE INNEN/TAG

INGO, Anfang dreißig, mustert ein paar Leute. Er versucht, das nicht allzu auffällig zu machen. Mit zwei Männern, die er schon im Schlepptau hat, nähert er sich Simone und Kirstin.

SIMONE
Suchen Sie noch jemanden?

INGO
Ja. Aber ich dachte eher ein bisschen jünger, so unter dreißig.

SIMONE
Ich bin neunundzwanzig.

Ingo wendet sich an Kirstin.

INGO
Und was ist mit Ihnen?

KIRSTIN
Nehmen Sie lieber sie.
Sie braucht den Job dringender.

INGO
Na ja. Dann kommen Sie mal beide.

STRASSE VOR »MATRATZEN-KÖNIG«, FRANKFURT AUSSEN/TAG

Simone und die anderen sind in Schaumstoffmatten eingepackt wie Sandwiches. Ingo gibt Instruktionen.

INGO
Haben Sie gut geschlafen?

SIMONE
Wer? Ich?

INGO
Ja natürlich. Haben Sie gut geschlafen?

SIMONE
Äh...

INGO
So fangen Sie an. Mit dieser Frage.
Ganz freundlich.

MITARBEITER #1
Wie? Auch noch mit Text? Ich dachte,
wir sollen Zettel verteilen.
Da gibts aber mehr Geld, oder?

Ingo geht nicht auf die Forderung ein.

Ein kleiner Zeitsprung: Simone versucht jetzt, einen Passanten anzusprechen. Ingo und die anderen sehen zu.

SIMONE
Haben Sie gut geschlafen?

Ein Mann bleibt stehen, sieht Simone an, gibt aber keine Antwort. Simone versucht es tapfer weiter.

SIMONE
Wenn man den Tag gut ausgeschlafen anfängt, ist das die halbe Miete.

PASSANT
Was soll'n der Quatsch?

Er geht einfach weiter.

INGO
Ja, ganz gut. Ein bisschen muss man da natürlich ein Gespür entwickeln für die Leute. Bisschen mehr mit Humor vielleicht. Offener.

Ein kleiner Zeitsprung: Kirstin spricht einen Passanten an.

KIRSTIN
Haben Sie gut geschlafen?

PASSANT
Ja, super. Aber leider ohne dich.

KIRSTIN
Idiot.

Wieder ein kleiner Zeitsprung. Simone versucht ihr Glück diesmal bei einer Frau mit Einkaufstüten.

SIMONE
Haben Sie gut geschlafen?

FRAU
Ich hab sehr gut geschlafen. Danke.

SIMONE
Wenn man den Tag gut ausgeschlafen anfängt, ist das die halbe Miete.

FRAU
Genau. Das sag ich mir auch immer.

Die Frau lächelt freundlich. Simone wirft Ingo einen Blick zu, sie weiß nicht, was sie jetzt antworten soll.

Ingo ist im Aufbruch begriffen. Er drückt seinen Helfern zwei Papp-Boxen in die Hand.

INGO
Die sind für die Gewinnkarten.

Dann zieht er noch einen dicken Packen Kugelschreiber und ein paar Stück Kreide aus der Tasche.

INGO
Mit der Kreide bitte ein Kreuz auf den Bürgersteig, wenn ihr mit einer Straße durch seid. Damit ich das ein bisschen besser kontrollieren kann.

Ingo demonstriert das. Malt ein Kreuz vor. Er ist ständig in Bewegung. Ein Typ, bei dem man sich vorstellen kann, dass er manchmal einfach zu essen vergisst. Dann reicht Ingo noch einen Notizblock in die Runde.

INGO
Und hier mal bitte die Handynummern aufschreiben. Für alle Fälle. Damit ich euch wiederfinde, ja?

BAHNDAMM, AUSSERHALB FRANKFURTS* AUSSEN/TAG

Andreas und Katharina am Bahndamm. Sie sitzt an der Böschung, raucht eine Zigarette. Er sucht nach dem Paket.

KATHARINA
Lass uns wieder zurückfahren.

ANDREAS
Nicht ohne das Päckchen.

KATHARINA
Ich glaub nicht, dass wir es finden.

Andreas sucht weiter. Schließlich weiht Katharina ihn ein.

KATHARINA
Ich habs verkauft.
Heute früh am Heim.

Andreas hört mit der Suche auf. Er sieht Katharina an.

KATHARINA
Jetzt glotz nicht so.

ANDREAS
Haben die dich gesehen?

KATHARINA
Nee. Keine Ahnung. Scheiße. Da war so eine blöde Schlampe. Die weiß, dass ich bei euch wohne.

STADTRING FRANKFURT AUSSEN/TAG

Ingo fegt über den Stadtring. Kurz vor einem Parkplatz winkt ihn die Polizei aus dem Verkehr.

STADTRING, PARKPLATZ AUSSEN/TAG

Eine Tempokontrolle. Ingo sitzt in seinem Wagen. An der Fahrertür steht ein Polizist.

INGO
Wirklich, das tut mir leid. Aber Sie wissen bestimmt wie das ist, manchmal hat man es einfach eilig und dann-

POLIZIST
Bitte mal den Führerschein und die Fahrzeugpapiere.

Ingo fängt in seiner Tasche zu suchen an. Den Fahrzeugschein hat er bald gefunden, den Führerschein nicht.

INGO
Versteh ich nicht. Den Führerschein find ich nicht im Augenblick.

POLIZIST
Und den Fahrzeugschein?

Ingo reicht dem Polizisten den Fahrzeugschein.

Ein kleiner Zeitsprung: Die Polizisten haben Ingos Daten an die Zentrale weitergegeben.

POLIZIST
Herr Mertens, Sie wissen, dass Ihnen vor drei Wochen die Fahrerlaubnis entzogen wurde?

Wieder Ingos undurchdringlicher Blick.

Ein Zeitsprung: Ingo hat seinen Notizblock in der Hand und telefoniert.

INGO
Dann lassen Sie das mit den Flugzetteln erstmal sein, ja? (...) Egal, wer da kommt. Hauptsache jemand mit Auto. (...) An den Stadtring, Höhe Eisenbahnbrücke, da ist ein Parkplatz. Ja stadtauswärts.

BIRKENWALD AUSSEN/TAG

Die Flüchtlinge verbringen den Tag im Wald. Die Vorräte sind zu Ende, die Kleidung ist feucht. Anna und Dimitri haben sich mit ihrem Kind ein wenig von der Gruppe abgesondert. Kolja ist bei ihnen. Er zeigt ein abgenutztes Foto. Darauf ist ein breitschultriger Mann mit nacktem Oberkörper vor einer Baustelle zu sehen.

KOLJA (russisch)
Das ist mein Bruder. Er hat am Potsdamer Platz gearbeitet. Eine riesengroße Baustelle. Wie eine eigene Stadt. Da werd ich auch hingehen, wenn es da noch Arbeit gibt.

DIMITRI (russisch)
Wann war dein Bruder da?

KOLJA
Fünfundneunzig und Sechsundneunzig. Er hat erzählt, die Baustelle ist so groß wie eine eigene Stadt. Hochhäuser wie in New York. Keine leichte Arbeit. Aber sehr gut bezahlt.

Der Kleine schreit. Im Gepäck ist noch ein letzter Rest Milch. Anna hält die Hand an die Flasche.

ANNA
Ist zu kalt.

Ein kurzer Zeitsprung: Dimitri und Kolja haben ein kleines Feuer entfacht. Dimitri hält die Milchflasche darüber. Das Holz ist feucht, heller Qualm steigt auf. Einer der anderen Männer kommt näher.

FLÜCHTLING #1
Seid ihr noch zu retten? Sofort ausmachen!

DIMITRI
Schrei doch nicht so rum! Dagegen ist das Feuer doch harmlos.

FLÜCHTLING #1
Was soll das? Spinnst du?

Dimitri löscht das Feuer.

KOLJA
Hört auf zu streiten! Wir sind so kurz vor dem Ziel, wir dürfen jetzt nicht die Nerven verlieren.

Wenig später. Kolja und Dimitri gehen durch den Wald.

DIMITRI
Warum ist dein Bruder nicht länger in Berlin geblieben?

KOLJA
Eine Kontrolle. Die wurden gewarnt, er hat versucht wegzulaufen, ist aus dem zweiten Stock gesprungen. Sein Bein ist gebrochen. Dann haben sie ihn geschnappt, und er musste zurück nach Kiev.

Dimitri lässt das eine Weile auf sich wirken.

KOLJA
Ich hab ihm versprochen, das erste, was ich in Berlin mache, ich schicke ihm Fotos von den Wolkenkratzern. Hat er nie gesehen.

Die beiden haben sich so weit von den anderen entfernt, dass sie am Waldrand zwischen den Bäumen schon die Straße und vorbeifahrende Autos erkennen. Ein junges Tramperpärchen steigt in einen Wagen, der angehalten hat.

KOLJA
Die fahren nach Berlin. Einfach so, als wäre es das Normalste von der Welt.

DIMITRI
Komm zurück, sonst sehen die uns.

STADTRING, PARKPLATZ AUSSEN/TAG

Als Simone mit ihrem Kleinwagen den Parkplatz erreicht, ist Ingo schon ganz ungeduldig. Er hat keine Zeit zu verlieren, weist Simone einen Parkplatz zu.

INGO
Gut, dass Sie hier sind. Lassen Sie Ihren Wagen mal stehen. Einfach da parken. Und dann können wir mit meinem Wagen weiterfahren.

Simone geht zur Beifahrertür.

INGO
Nein. Sie fahren.

SIMONE
Ich?

INGO
Ja, Sie. Ich denk, Sie können fahren.

SIMONE
Ja.

INGO
Da müssen noch'n paar Matratzen zum Kunden.

Simone hört angespannt zu und macht dann, was Ingo ihr sagt. Man merkt, wie sie sich bemüht, keinen Fehler zu machen.

MIETSHAUS, FRANKFURT/ODER INNEN,AUSSEN/TAG

Mehrere kurze Einstellungen: Ingo zieht eine neue Matratze an einem sehr dicken Mann vorbei, der fast den ganzen Flur blockiert. Simone wirft die gebrauchte Matratze durch ein Fenster zum Hof nach unten.

Simone und Ingo überqueren mit der gebrauchten Matratze einen tristen Innenhof.

INGO
Manchmal glaub ich, es hat sich hier einfach noch nicht rumgesprochen, dass es Sinn macht, die Matratze mal alle paar Jahre zu wechseln. Ein Drittel seines Lebens liegt der Mensch im Bett. Das müssen die hier mal kapieren. Zwanzig Prozent Arbeitslose. Was machen die den ganzen Tag? Na?

Simone sieht Ingo fragend an.

INGO
Liegen im Bett. Schon wieder ein Grund für ne gute Matratze.

ALTWASSER DER ODER, FRANKFURT AUSSEN/TAG

Ingos Wagen hält außerhalb der Stadt. Ingo hat eine Matratze unter dem Arm, sieht sich um, dann überquert er die Straße und wirft die Matratze über die Leitplanke: Im sumpfigen Altwasser der Oder hat sich eine wilde Müllkippe gebildet. Simone beobachtet ihn vom Auto aus.

»MATRATZEN-KÖNIG«, FRANKFURT AUSSEN, INNEN/TAG

Simone und Ingo kommen zurück. MILENA, Mitte dreißig, sitzt an der Kasse. Im Laden wartet ein KONTROLLEUR der Stadtwerke.

KONTROLLEUR
Ich würd gern Ihren Zähler sehen, Herr Mertens.

KELLER VON »MATRATZEN-KÖNIG« INNEN/TAG

Ingo geht eine Treppe nach unten. Der Kontrolleur folgt ihm. Ingo schließt einen Holzverschlag auf. Dahinter hängt sein Zähler an der Wand. Es fällt auf, dass ein Kabel vom Nachbarkeller aus zu Ingos Zähler führt.

KONTROLLEUR
Können Sie mir sagen, was das für ein Kabel ist?

Ingo stellt sich doof.

INGO
Was für ein Kabel?

Der Kontrolleur fährt den Weg des Kabels nach. Bis an die Stelle, an der es im Keller des Nachbarn verschwindet.

KONTROLLEUR
Dieses Kabel.

INGO
Keine Ahnung. Das seh ich zum ersten Mal.
Aber das kommt vom Nachbarn, so wies aussieht.
Vielleicht hat der das rübergelegt.

KONTROLLEUR
Herr Mertens. Sie haben seit über zwei Monaten
die Stromrechnung nicht bezahlt. Vor einer Woche
wurde Ihnen von Seiten der Stadtwerke
der Strom abgeschaltet. Gestern haben wir eine
Beschwerde Ihres Nachbarn erhalten.
Darf ich Sie bitten, dieses Kabel
hier abzuklemmen?

Ingo sieht den Kontrolleur mit undurchdringlichem Blick an. Es hat keinen Sinn, die Tatsachen zu leugnen.

Ingo löst das Kabel von der Klemme.

KÜCHE, »MATRATZEN-KÖNIG«   INNEN/TAG

In der kleinen Teeküche des spartanisch eingerichteten Matratzen-Discounts kocht Milena Kaffee. Licht, Radio und die Kaffeemaschine gehen aus.

MILENA (polnisch)
Scheiße!

Milena macht sich auf den Weg in den Keller, um nach den Sicherungen zu sehen, aber da kommen ihr schon Ingo und der Kontrolleur, der den Laden jetzt verlässt, entgegen.

INGO (in Eile)
Ist nur ein vorübergehender Ausfall. Schreiben Sie heute bitte alles, was verkauft wird, einfach auf einen Zettel.

MILENA (gebrochen deutsch)
Herr Mertens. Ganz kurz. Ich wollte Sie um mein Geld von letzter Woche bitten.

INGO
Tut mir leid, aber ich hab es jetzt nicht. Steckt alles in der Werbeaktion.

MILENA (gebrochen deutsch)
Aber ich habe gearbeitet für das Geld.

INGO
Es geht nicht.

Ingo überlegt einen Moment.

INGO
Und für diese Woche kann ich Sie auch nicht bezahlen.

MILENA
Aber ich brauche das Geld für meine Tochter. Die hat Kommunion.

INGO
Bitte, bedienen Sie sich!

Er drückt auf die Kasse. Das Geldfach springt auf. Milena weiß selbst, dass die Kasse leer ist.

INGO
Nehmen Sie sich eine Matratze mit
und ein paar Bezüge und dann wars das. Ich brauch
Sie nicht mehr. Sie sind gekündigt.

VOR »MATRATZEN-KÖNIG«, FRANKFURT AUSSEN/TAG

Milena verstaut eine Matratze, die noch in Folie eingeschweißt ist, im Kofferraum ihres Kleinwagens.

ZIMMMER DER JUNGS, MAIKS HAUS INNEN/TAG

Ein unordentliches Jugendzimmer mit zwei Betten, das Marko und Andreas gemeinsam nutzen. Katharina ist bei Marko.

MARKO
Du hast die Kippen verkauft.

KATHARINA
Hab ich nicht.

MARKO
Ich weiß, dass du's machst.
Gib mir das Geld.

KATHARINA
Ich hab kein Geld.

MARKO
Gib's mir freiwillig.

Katharina leugnet weiter und Marko sucht ihre Klamotten nach Geld ab. Er findet schließlich einen Schein.

KATHARINA
Das ist alles.

MARKO
Willst du mich verarschen?
Zieh dich aus, ich will sehen,
ob du noch mehr hast.

Ein eigenartiger Ringkampf fängt an. Katharina wehrt sich dagegen, dass Marko sie auszieht, aber als er sie küsst, gibt es Momente, in denen sie anscheinend nichts dagegen hat. Ein Liebesspiel, das nicht besonders zärtlich ist, eher mit Kräftemessen zu tun hat.

HOF, MAIKS HAUS   AUSSEN/TAG

Andreas treibt sich auf dem Hof herum, langweilt sich. Schließlich geht er ins Haus.

ZIMMER DER JUNGS, MAIKS HAUS   INNEN/TAG

Als Andreas die Tür öffnet, sitzen Katharina und Marko auf dem Bett und tauschen intensive Küsse aus. Marko, mit nacktem Oberkörper, ist gerade dabei, Katharinas Top auszuziehen.

MARKO
Hau ab!

Andreas reagiert nicht.

MARKO
Du sollst abhauen!

ANDREAS
Das ist genauso mein Zimmer!

Marko wirft einen Turnschuh, trifft Andreas ins Gesicht. Der reißt die Hände zum Kopf, sieht nach, ob es blutet. Marko ist aufgesprungen, schiebt ihn raus und schließt hinter ihm ab.

WOHNGEBIET, FRANKFURT/ODER   AUSSEN/TAG

Ingos Mitarbeiter bei der Werbeaktion. Sie sprechen weiter Passanten an - ohne großen Erfolg.

Ingo kontrolliert die Kreidekreuze. Schließlich entdeckt

er seine Leute. Zwei Mitarbeiter, die eine Rauchpause machen, stehen schnell auf, als sie ihn kommen sehen.

Ingo sieht in einer Pappbox nach, wie viele Teilnahmekarten sich schon angesammelt haben. Die Box ist fast leer.

VERKAUFSRAUM, »MATRATZEN-KÖNIG« INNEN/TAG

Simone sitzt an der Kasse. Im Laden ist nichts los. Zwei junge Typen kommen in den Laden. Einer der beiden, ACHIM, geht zu Simone.

ACHIM
Tag. Wir sollen hier die Matratzen abholen.

SIMONE
Was? Wieso denn?

ACHIM
Sind auf Kommission.

Simone bemerkt, dass der zweite Typ schon angefangen hat, die erste Matratze aus dem Laden zu tragen.

SIMONE
Moment mal. Ich bin hier nur
für ne Stunde die Aushilfe. Sie können
das nicht einfach alles mitnehmen.

Die beiden Typen lassen sich nicht aus der Ruhe bringen.

SIMONE
Die Matratzen gehören Herrn Mertens.
Das ist hier der Inhaber.

Achim drückt Simone einen Lieferschein in die Hand.

ACHIM
Nein. Die gehören der Firma König.

Simone sieht sich den Lieferschein an. Die Typen tragen weiter Matratzen aus dem Laden.

WOHNZIMMER UND HOF, MAIKS HAUS INNEN, AUSSEN/TAG

Katharina sitzt mit angezogenen Knien und feuchten Haaren auf dem Sofa im Wohnzimmer, raucht und sieht fern. Sie registriert wenig von dem, was um sie herum passiert.

Andreas und Marko, beide mit roten Köpfen, spielen Fußball auf dem Hof. Die Stimmung ist aggressiv.

MARKO
Mach das nicht nochmal!

ANDREAS
Was denn?

MARKO
Das weißt du genau!

Marko tritt Andreas vors Schienbein, nimmt ihm den Ball ab.

ANDREAS
Au! Spinnst du?

Maik lädt alte Autoteile aus dem Transporter und beobachtet die Brüder. Marko foult Andreas. Er landet im Dreck. Maik sieht es.

ANDREAS
Au Scheiße! Der is so voll link!

MAIK
Steh auf! Tritt ihm in die Eier!

Andreas steht verdreckt auf. Mit Wut im Bauch versucht er, Marko den Ball abzujagen. Die beiden sind wie verfeindete Hunde im Zwinger.

Ein Wagen rollt auf den Hof. Herr Ebert vom Jugendheim und ein Mitarbeiter steigen aus.

Kurzer Zeitsprung: Maik steht an der Haustür und ist mit den beiden im Gespräch.

EBERT
Wir haben einen Hinweis bekommen,
dass dieses Mädchen sich bei Ihnen aufhält.

Er zeigt Maik einen kopierten Personalbogen.

MAIK
Kenn ich nicht.

MITARBEITER
Sie war heute früh am Heim und hat Zigaretten verkauft. Mehrere Stangen.

EBERT
Ohne Steuermarke. - Die ist bei uns, weil wir ihr helfen wollen. Ein Resozialisierungsprojekt. Wenn sie nicht freiwillig zurück kommt, landet sie früher oder später im Vollzug.

Andreas kriegt mit, dass die beiden Männer mit Maik über Katharina sprechen, kann aber nichts für sie tun. Als sie den Flur betritt, sieht einer der Männer sie. Katharina läuft aus dem Haus, hat aber keine Chance mehr, den beiden zu entkommen.

Andreas muss mit ansehen, wie Katharina in den Wagen verfrachtet wird. Nah: Ihr Gesicht an der Scheibe des Wagens, der vom Hof fährt.

BEKLEIDUNGSGESCHÄFT, SLUBICE INNEN/TAG

ANTONI, Anfang vierzig, untersetzt, freundliches Gesicht, steht in einem Laden für Braut- und Kommunionskleider. Er betrachtet seine Tochter MARYSIA, 9, die in einem prächtigen Kommunionskleid vor einem Spiegel steht. Das Mädchen strahlt übers ganze Gesicht.

MARYSIA (polnisch)
Das ist das Schönste.

ANTONI (polnisch)
Wunderschön. Genau richtig für
meine kleine Prinzessin.

MARYSIA
Kann ich das haben?

ANTONI
Das müssen wir mal sehen, Marysia.
Das Kleid ist nicht ganz billig.

MARYSIA
Bitte Papa!

Eine VERKÄUFERIN, die Schuhe, ein Handtäschchen und Handschuhe herausgesucht hat, merkt, dass er zögert.

VERKÄUFERIN
Wenn dir das zu teuer ist, Antoni, dann
haben wir da drüben auch noch ein paar Gebrauchte
vom letzten Jahr hängen.

ANTONI
Was ist, wenn ich das Kleid
heute anzahle und morgen den Rest bringe?

VERKÄUFERIN
Das geht. Aber du kannst es
dann heute nicht mitnehmen.

ANTONI
Aber ihr legt es mir zurück?

VERKÄUFERIN
Ja. Das kann ich machen.

KÜCHE IN ANTONIS WOHNUNG, SLUBICE INNEN/TAG

Antonis Frau, Milena, bereitet das Abendessen vor. Die Familie lebt in improvisierten Verhältnissen. Ein Anbau ans Haus von Antonis Eltern am Stadtrand von Slubice. Eine ewige Baustelle, weil Antoni alles selbst macht.

MILENA (polnisch)
Du hast ihr ein Kleid versprochen,
das zweitausend Zloty kostet?

ANTONI (polnisch)
Das ist ihre Erstkommunion!
Die hat man nur einmal im Leben.

Antoni holt eine Büchse aus dem Schrank. Er zählt das Geld.

ANTONI
So wenig ist das nicht.

MILENA
Aber es reicht nicht für das Kleid.
Und danach gehen wir essen.
Sollen das die Verwandten zahlen?

ANTONI
Hast du nicht noch was? Der Lohn
von letzter Woche?

MILENA
Ich hab eine Matratze bekommen,
aber kein Geld. Steht im Flur.

Antoni wirft einen Blick in den Flur. Da steht eine in Plastik eingeschweißte Matratze.

MILENA
Was soll ich machen ohne Vertrag?

ANTONI
Der kann dir doch nicht einfach
eine Matratze statt Geld geben.

MILENA
Hab ich auch gesagt. Dann hat er mir gekündigt.

ANTONI
Ich fahr heut noch eine Nachtschicht. Wenn es gut läuft, dann hab ich das Geld bis morgen.

MILENA
Und wenn nicht? Alle anderen in Marysias Klasse haben ihr Kleid längst.

ANTONI
Du kannst es morgen mit Marysia abholen gehen. Nach der Schule. Bis dahin ist es bezahlt.

VERKAUFSRAUM, »MATRATZEN-KÖNIG« INNEN/TAG

Ingo ist zurück. Ungläubig steht er im leeren Laden.

INGO
Das gibts doch nicht.

SIMONE
Das waren zwei Männer mit einem Transporter. Das ging ganz schnell.

Simone gibt Ingo den Lieferschein. Ingo sieht kurz drauf.

INGO
Da holt jemand alle Matratzen aus dem Laden, und Sie sehen einfach zu! Wieso haben Sie mich denn nicht angerufen?

SIMONE
Na der Schein. Da stand doch alles drauf.

INGO
Na und? Das ist doch kein Grund hier. Deswegen können die das doch nicht einfach abholen! Sie sind ja so bescheuert!

Ingo merkt, dass er Simone verletzt hat.

INGO
Tut mir leid. Aber hören Sie bitte zu heulen auf!

IMBISS, FRANKFURT/ODER INNEN/TAG

Ingo kaut an einem triefenden Döner. Er hat sich wieder beruhigt und prüft den Lieferschein.

INGO
Die Matratzen gehören König, das stimmt.
Wenn ich sie verkaufe, dann kriegt er
sein Geld zurück und den Rest behalte ich. Aber
in den letzten Wochen war einfach Flaute.
Da können die doch nicht einfach irgendjemanden
vorbeischicken, der die Matratzen abholt!

SIMONE
Und jetzt?

Ingo zieht einen Zeitungsausschnitt aus der Geldbörse. Man sieht ihn und Herrn Petzold mit einem symbolischen Scheck.

INGO
Günther Petzold. Von der Handelskammer.
Vor einem Jahr hat er mir
einen Anschubkredit gegeben.

Ingo hat offenbar Magenprobleme, schluckt zwei Tabletten runter, danach einen Korn.

INGO
Seit ner Woche telefonier ich
dem hinterher. Morgen vormittag, da hab ich
endlich nen Termin. Und sobald ich einen neuen
Kredit hab, mach ich den Laden wieder auf.

VOR »MATRATZEN-KÖNIG« AUSSEN/TAG

Simone hat Ingo vor dem Laden abgesetzt. Er gibt ihr Geld.

INGO
Und wegen Ihrem Wagen - wenn Sie morgen
wiederkommen, nehmen Sie doch einfach meinen bis
dahin. Ich darf ihn ja eh nicht fahren.

SIMONE
Gut. Ist in Ordnung.

Simone zögert.

INGO
Was ist?

SIMONE
Sie sehen so müde aus.
Sie sollten mal wieder ausschlafen.

Ingo lächelt ein wenig verkrampft.

INGO
Das ist sehr freundlich, wirklich.

Ingo folgt Simone ein paar Schritte zu ihrem Wagen.

INGO
Ach, da ist noch was.
Nehmen Sie das jetzt bitte nicht persönlich,
aber was ganz schön wäre: Wenn Sie
für den Termin bei Petzold morgen Ihr
Erscheinungsbild irgendwie verändern könnten.
Ein bisschen offizieller vielleicht.

ERZIEHUNGSHEIM, FRANKFURT/ODER AUSSEN/TAG

Andreas geht am Zaun des Heimes entlang, sieht die Mädchen dort. Er ruft Katharina. Sie kommt an den Zaun.

KATHARINA
Wo ist Marko?

ANDREAS
Weiß nicht.

KATHARINA
Der soll mich hier rausholen.

So wie sie das sagt, klingt es, als wäre sie nicht so sicher, ob Marko dazu bereit ist. Sie schnieft.

ANDREAS
Nicht weinen.

KATHARINA
Ich heul doch nicht wegen dem.
Hast du wenigstens Zigaretten dabei?

ANDREAS
Nee.

Andreas sieht sie an.

KATHARINA
Was kuckst du so?

ANDREAS
Ich hol dich hier raus.

KATHARINA
Klar. Am besten mit nem Hubschrauber.
Würd mir schon reichen, wenn du morgen ein paar
Schachteln Zigaretten mitbringst.

BIRKENWALD, FELDWEG   AUSSEN/TAG

Abenddämmerung. Aus dem Dunkel des Waldrandes lösen sich die Flüchtlinge und halten auf ein freies Feld zu.

STRASSE, ORTSEINANG   AUSSEN/TAG

Die Gruppe erreicht den Anfang des Ortes. Vor dem ersten Haus steht ein Ortsschild mit der Aufschrift »Slubice«.

ANNA (russisch)
Das ist nicht Berlin.

DIMITRI (russisch)
Slubice. Wahrscheinlich ein Vorort.

ANNA
Die haben uns betrogen.

DIMITRI
Denk doch mal an Kiev!
Da haben die Vororte auch andere Namen.
Und Berlin ist eine riesengroße Stadt.

Die Flüchtlinge klopfen am zweiten Haus auf der linken Seite. Eine ältere Frau öffnet mit misstrauischem Blick.

KOLJA (russisch)
Guten Tag.
Wir sind die Gruppe aus Kiev.

FRAU (polnisch)
Was wollen Sie?
Sprechen Sie Polnisch?

Jetzt reden mehrere Flüchtlinge aufgeregt auf die Frau ein.

KOLJA
Sind wir hier nicht in Deutschland?

FRAU (gebrochen russisch)
Nein. Sie sind in Polen.

»Polska!« wiederholt sie mit Nachdruck, als Kolja sie ratlos ansieht.

Ein kurzer Zeitsprung: Die Flüchtlinge stehen auf der Straße. Jemand holt eine Landkarte aus der Tasche. Schnell haben sie Slubice gefunden.

KOLJA (russisch)
Hinter der Stadt ist ein Fluss.
Dann ist man in Deutschland.

FLÜCHTLING #1 (russisch)
Und wie sollen wir über den Fluss kommen?

KOLJA
Ich geh heute noch rüber.
Ich schwimme über den Fluß.

DIMITRI
Das ist viel zu gefährlich.
Wir müssen erst einen Schlepper finden.

FLÜCHTLING #1
Ja, klar. Du hast ja gesehen, was
das bringt. Willst du dich nochmal
übers Ohr hauen lassen?

Ein kurzer Zeitsprung. Die Flüchtlinge beraten, wie es weitergehen soll. Anna und Dimitri stehen ein wenig abseits.

ANNA
Ich will nach Hause.

DIMITRI
Wir haben kein Zuhause. Da vorne
ist Deutschland. Nur noch ein Kilometer.

ANNA
Und der Fluss? Willst du schwimmen?

DIMITRI
Ich finde jemanden, der uns rüberbringt.

ANNA
Wie soll ich denn mit dem Baby
über den Fluss kommen?

DIMITRI
Wenn du so schlau bist, dann
schlag doch was Besseres vor.

ANTONIS TAXI, STRASSE IN SLUBICE INNEN/NACHT

Antoni fährt Nachtschicht. Am Armaturenbrett seines liebevoll gepflegten Polski-Fiat hat er neben einer Christopherus-Plakette ein Foto seiner Tochter Marysia angebracht. Darunter steht: »Komm gut heim.« Auf dem Lenkrad prangt ein Bild der Gottesmutter.

Antoni spricht über Funk mit der Zentrale.

ZENTRALE (polnisch)
Wie lang fährst du schon?

ANTONI (polnisch)
Seit vormittags. Zehn, elf Stunden.

ZENTRALE
Dann geht das nicht mehr mit der Nachtschicht.
Du weißt-

ANTONI
Es ist wichtig für mich.
Ein paar Kunden noch, dann hör ich auf.

»KEBAB-EXPRESS«, SLUBICE AUSSEN/NACHT

Vor dem Laden parkt eine Limousine, in der zwei MÄNNER sitzen und rauchen. Der Beifahrer ist in eine Diskussion mit Kolja und drei anderen Flüchtlingen verwickelt.

BEIFAHRER
Two hundred Dollars per person.

KOLJA
Too much. Hundred.

BEIFAHRER
Two hundred and we bring you
to Germany tonight. Very secure, very cheap.
If you don't want - good luck.

KAMIL, ein junger Pole, stellt die Stühle zusammen und

wischt die Tische ab. Er beobachtet dabei aufmerksam, was sich auf der Straße abspielt.

Die Ukrainer reden durcheinander. Einige von ihnen haben so wenig Geld, dass sie noch nicht einmal hundert Dollar zahlen könnten. Einer der Flüchtlinge bietet seine Armbanduhr an.

BEIFAHRER
Do you have more like this?
Show me what you have!

Kolja stellt seine Reisetasche auf einen der Tische vor dem Döner-Laden. Kamil kommt näher.

KAMIL (russisch)
Ukraine?

KOLJA (russisch)
Ja.

KAMIL (russisch)
Du darfst diesen Leuten nicht trauen.

Kolja sieht Kamil einen Moment überrascht an.

KAMIL
Ich kenn die Typen, das sind Bulgaren,
die versuchen Flüchtlinge abzuzocken.

Kolja ruft den anderen Flüchtlingen zu und warnt sie.

BEIFAHRER
Not your business, shithead!

Plötzlich verlässt der Mann den Wagen und springt auf Kamil zu, der schnell im Laden verschwindet und die Türe schließt. Der Beifahrer tritt wütend gegen die Tür, reagiert sich ab, bis das Glas splittert. Kamil hat einen Telefonhörer in der Hand, wählt eine Nummer.

KAMIL
I call the police! I call the police!

Kurzer Zeitsprung: Der Beifahrer steigt in den Wagen. Die Limousine fährt mit quietschenden Reifen davon.

Später. Die Flüchtlinge sitzen und stehen vor dem Lokal. Kamil gibt ihnen zu essen. Eine Angestellte macht die Küche sauber, weil bald geschlossen wird. Einer der Flüchtlinge, OLEG, ein dünner Mann mit Brille und feinen Gesichtszügen ist am Tisch eingeschlafen. Kamil versucht ihn zu wecken.

KAMIL (russisch)
Ihr müsst hier weg. Gleich kommt mein Chef.

KOLJA (russisch)
Ich versuchs über den Fluss.
Ohne Schleuser. Wer geht mit?

Zwei Flüchtlinge nicken.

KOLJA
Oleg?

OLEG
Ich bin wirklich kaputt.

KOLJA
Komm schon. Besser, als hier zu bleiben.

KAMIL (russisch)
Wenn die Deutschen euch schnappen,
sagt nicht, dass ihr aus Polen kommt.

KOLJA
Wie soll das gehen?

KAMIL
Flugzeug. Oder ihr seid in Kiev
in den Lastwagen gestiegen, und als die Tür
wieder aufging, ward ihr in Deutschland.
Polen habt ihr nie gesehen.

Ein wenig später, vor dem Lokal. Kolja verabschiedet sich von Kamil mit Handschlag. Spontan umarmt er ihn.

TAXISTAND AN DER GRENZBRÜCKE, SLUBICE AUSSEN/NACHT

Antoni ist der erste in der Reihe. Er ist in seinem Taxi eingeschlafen. Ein angetrunkener deutscher Kunde mit einer Reisetasche kommt auf Antonis Wagen zu. Dann merkt er, dass Antoni schläft und winkt dem nächsten Wagen.

KUNDE
Taxi!

Die Kollegen, die in kleinen Gruppen zusammen stehen, machen sich lustig über Antoni. Das zweite Taxi in der Reihe schiebt sich vor Antonis Wagen. Der Fahrer steigt aus und nimmt dem Deutschen gerade die Tasche ab, als Antoni aufwacht und merkt was los ist.

ANTONI (polnisch)
Das ist mein Kunde!

FAHRER (polnisch)
Selbst Schuld, wenn du schläfst!
(Zum Kunden, gebrochenes Deutsch)
Guten Abend. Wohin wollen Sie?

Der Kunde kommt gar nicht dazu, ein Fahrziel zu äußern.

ANTONI (gebrochen deutsch)
Kommen Sie zu mir! Guten Abend. Hier, bitte.
(Zum Kollegen, polnisch) Gib die Tasche her!

Antoni greift nach der Tasche des Kunden. Der andere Fahrer gibt sie nur widerwillig her.

STRASSE AM FLUSS, SLUBICE AUSSEN/NACHT

Dimitri und Anna ziehen auf der Suche nach einer Unterkunft durch die Stadt. Der Rotor eines Hubschraubers ist zu hören.

ANNA (russisch)
Hörst du das?

DIMITRI (russisch)
Ja.

ANNA
Ein Hubschrauber.

Die beiden sehen hoch in die Nacht. Der Hubschrauber fliegt mit ohrenbetäubendem Lärm über ihn hinweg, ein Stück weit die Oder hoch. Sein Suchscheinwerfer tastet mit gleißend hellem Licht den Fluß ab. Am Ufer auf deutscher Seite sehen Dimitri und Anna die Scheinwerferpaare mehrerer Autos. Sie sind zu weit entfernt, um mehr erkennen zu können.

DIMITRI
Gehen wir!

Auch Dimitri ist mulmig, aber er will es nicht zeigen.

NACHTCAFÈ, SLUBICE INNEN/NACHT

Anna sitzt mit dem Baby an einem Tisch in der Ecke. Dimitri betritt das einfache Lokal und steuert auf die beiden zu.

DIMITRI (russisch)
Hotel ist zu teuer. Die wollen sechzig Dollar.

ANNA (russisch)
Ich muss mich jetzt hinlegen.
Nur noch schlafen.

DIMITRI
Hör zu. Wir machen es so:
Wir bleiben erst mal hier über Nacht.
Morgen früh werde ich jemand finden,
der uns hilft. So lange bleibt ihr noch hier.

ANTONIS TAXI, SLUBICE INNEN,AUSSEN/NACHT

Ein Kunde sitzt auf der Rückbank, Antoni hält sich tapfer

am Steuer. Man sieht ihm an, wie müde er ist. Für einen Moment passt er nicht auf und fährt auf den Wagen vor ihm auf. Antoni steigt aus, der zweite Fahrer kommt dazu. Der Schaden ist nicht besonders groß. Nur Antonis Scheinwerfer und die Stoßstange sind in Mitleidenschaft gezogen.

ANTONI (polnisch)
Tut mir leid. Können wir das unter uns regeln?

Ein kurzer Zeitsprung: Antoni und der andere Fahrer sind mitten in einen heftigen Streit verwickelt. Ein paar Passanten sehen den beiden zu.

FAHRER
Bei dir ist es nur der Scheinwerfer.
Aber schau dir mein Auto an!

ANTONI
Was hast du? Ist doch nur ein Kratzer.

FAHRER
Ein Kratzer? Der Wagen ist nagelneu.

Antoni zieht ein paar Geldscheine aus seiner Brieftasche.

ANTONI
Reicht das?

Der Mann verstummt. Er zählt die Scheine.

POLIZEIDIENSTSTELLE GRENZBRÜCKE, INNEN/NACHT

In den beengten Räumen der Dienststelle wird der sogenannte Erstangriff auf eine Gruppe Flüchtlinge durchgeführt. Es sind Kolja und zwei seiner Begleiter.

Kurze Schnitte zeigen, wie die Leute durchsucht werden. Fingerabdrücke werden genommen, in Kleidungsstücken und Gepäck wird nach Adressen und Hinweisen auf die Herkunft der Flüchtlinge gesucht. Asservate werden sichergestellt.

POLIZEIDIENSTSTELLE GRENZBRÜCKE, INNEN/NACHT

Das konzentrierte Gesicht der Dolmetscherin SONJA, Ende zwanzig. Sie übersetzt die Fragen, die ein junger GRENZ-SCHÜTZER Kolja stellt. Ein Tonband läuft mit.

SONJA (russisch)
Können Sie erklären, warum Ihre Hosen bis zur Hüfte feucht waren, als man Sie aufgegriffen hat?

KOLJA (russisch)
Ich bin durch ein hohes Feld gelaufen.

SONJA
Ich bin durch ein hohes Feld gelaufen.

GRENZSCHÜTZER
Was wurde da angebaut?

SONJA (russisch)
Was wurde da angebaut?

KOLJA (russisch)
Weizen.

SONJA
Weizen.

GRENZSCHÜTZER
Der Weizen ist noch nicht so hoch dieses Jahr. Kann es sein, dass Sie durch die Oder gewatet sind, um nach Deutschland zu kommen?

Der BGS-Mann stellt seine Fragen zielstrebig und ohne Pausen.

SONJA (russisch)
Er sagt, der Weizen sei dieses Jahr noch nicht so hoch.

Die Frage, die der Grenzschützer gestellt hat, übersetzt Sonja nicht. Sie zögert.

SONJA
Es ist egal, ob Ihre Hose nass war.
Das ist kein Beweis.

Kolja braucht einen Moment um zu verstehen, dass Sonja ihm helfen will.

SONJA
Bitten Sie um ein Glas Wasser!

Nach einer Serie schneller Fragen und Antworten entsteht erstmals eine kleine Unterbrechung.

GRENZSCHÜTZER
Was ist los?

KOLJA (russisch)
Kann ich ein Glas Wasser haben?

SONJA
Er bittet um ein Glas Wasser.

Der BGS-Mann wirft Kolja einen leicht verärgerten Blick zu, dann geht er in den Nebenraum. Sonja schreibt groß ASYL auf ein Blatt und zeigt es Kolja. Als der Grenzschützer mit einem Glas Wasser zurückkommt, dreht Sonja das Blatt schnell um. Der Grenzer stellt Kolja das Glas auf den Tisch. Er trinkt.

KOLJA (russisch)
Ich möchte um Asyl bitten.

SONJA
Er bittet um Asyl.

Der Grenzschützer wirft Sonja einen verärgerten Blick zu.

GRENZSCHÜTZER (zu Kolja)
No Asyl for you. You came from Poland!

KOLJA
No, no! I don't come.

GRENZSCHÜTZER
Here is prison. Better, we send you back where you come from! In Poland, you can do what you want.

KOLJA
Not Poland. I come with plane.

GRENZSCHÜTZER
You are a liar! You did not come by plane! I don't want to waste my time with you any longer, understand?

Eine Kollegin kommt ins Zimmer. Sie stellt eine Schale auf den Tisch, flüstert dem BGS-Mann etwas zu. In der Schale liegen ein paar persönliche Dinge Koljas, darunter auch eine Papierserviette vom »Kebab-Express«. Der Grenzschützer sieht sie sich an.

GRENZSCHÜTZER
Woher haben Sie das?

Ein hilfloser Blick Koljas.

SONJA (russisch)
Woher haben Sie das?

KOLJA (russisch)
Ich weiß nicht. Das gehört mir nicht.

GRENSCHÜTZER
We found that in your jacket.
It is from a place in Slubice: Kebab-Express.
You definetly come from Slubice!

Der BGS-Mann hat sehr schnell geredet, und nun beginnt Sonja die letzten drei Sätze für Kolja ins Russische zu übersetzen.

Der Grenzschützer unterbricht sie.

GRENZSCHÜTZER
Sonja, sagen Sie ihm, das wars.

Wir führen ihn dem Richter vor und morgen früh ist er wieder in Polen.

BÜRO UND FLUR, DIENSTSTELLE INNEN/NACHT

Auf dem Flur herrscht Gedränge: Mehrere Grenzschützer, die Kollegen Sonjas vom Dolmetscher-Büro und zwei Flüchtlinge, die vom Erstangriff zum Verhör gebracht werden. Bei der ‹bergabe an den zuständigen Kollegen ist Kolja für einen Augenblick unbeaufsichtigt. Kolja reagiert schnell. Die Situation ist so unübersichtlich, dass er das Gebäude verlassen kann.

PARKPLATZ, DIENSTSTELLE AUSSEN/NACHT

Im Innenhof. Als Sonja in ihren Wagen steigen will, kommt Kolja auf den Parkplatz gelaufen. Er sieht sich kurz um, dann bemerkt er Sonja.

KOLJA (russisch)
Bitte helfen Sie mir!

Sonja ist nicht in der Lage, etwas zu tun.

KOLJA
Bitte! In Ihrem Auto.
Nur die paar Meter bis ich draußen bin.

Sonja starrt ihn an. Die Situation überfordert sie.

KOLJA
Im Kofferraum! Nur ein kleines Stück.

Wie angewurzelt steht Sonja neben ihrem Auto. Zwei Grenzer kommen auf den Hof gelaufen. Man hat Koljas Flucht bemerkt. Kolja taucht in der Dunkelheit ab, aber da ist es schon zu spät. Die Beamten haben ihn gesehen. Kolja läuft los.

GRENZSCHÜTZER
Bleiben Sie stehen!

Ein paar Schritte, dann sperrt ihm ein dritter Beamter den Weg ab. Kolja muss sich schwer atmend an einem Drahtzaun ergeben. Die Grenzschützer nehmen ihn fest.

SONJAS WAGEN, STRASSE NACH BERLIN   INNEN/NACHT

Sonja am Steuer. Sie ist stark aufgewühlt. Die Lichter eines entgegenkommenden Wagens blenden sie. Sonja zieht das Steuer plötzlich zur Seite. Ihr Wagen schrammt mit der Beifahrertür gegen eine Leitplanke, gerät leicht ins Schlingern und bleibt dann stehen. Sonja ist nichts passiert.

FLUR, HOTEL IN FRANKFURT   INNEN/NACHT

Sonja geht einen Flur in einem einfachen Hotel entlang. Sie öffnet die Zimmertür.

ZIMMER, HOTEL   INNEN/TAG

Durch die Gardinen kommt das erste Morgenlicht. Sonja sitzt auf dem Bett und telefoniert.

SONJA
Ich komm diese Nacht nicht mehr nach Berlin. (...) Im Hotel. In Frankfurt. (...) Nein, du brauchst dir keine Sorgen zu machen. Es ist alles in Ordnung.(...) Ich wollte nur deine Stimme hören.

Obwohl Sonja sich bemüht, bekommt ihre Stimme doch einen weinerlichen Klang.

SONJA
Nein...nichts...ich...
das ist wirklich nicht nötig.
Ich schlaf jetzt einfach aus- (...)

SONJA
Nein, bitte, komm nicht.

REISEZUG WARSCHAU-BERLIN* INNEN/TAG

Marko steht mit einer prall gefüllten Tasche im Zug. Vom Fenster aus sieht er Andreas auf dem Mofa.

BAHNDAMM* AUSSEN/TAG

Andreas fährt am Bahndamm entlang. Das erste Paket wird abgeworfen.

Ein kurzer Zeitsprung: Andreas sucht das Gras am Rand der Böschung nach den Paketen ab.

WERKSTATT UND HOF, MAIKS HAUS* INNEN, AUSSEN/TAG

Andreas betritt Maiks Werkstatt. Aus einer großen Werkzeugkiste Maiks holt er einen Bolzenschneider und umwickelt ihn mit einem Lumpen.

Als Andreas dabei ist, den Bolzenschneider in der Satteltasche des Mofas zu verstauen, kommt Maik auf ihn zu.

MAIK
Wo willst du hin?

Andreas gibt keine Antwort. Maik schiebt Andreas zur Seite, öffnet die Tasche und zieht den Bolzenschneider heraus.

MAIK
Was soll das?

Andreas gibt keine Antwort.

MAIK
Ich bin froh, wenn die mich hier nicht weiter nervt. Am Ende wird die schwanger, was meinst du, was da los ist?

NACHTCAFÈ, SLUBICE INNEN/TAG

Der selbe Tisch in der Ecke. Anna ist eingeschlafen, neben ihr der übermüdete Dimitri. Er gibt dem Baby Milch aus einer Flasche.

Antoni steht an der Bar, trinkt Kaffee und verfolgt die polnischen Frühnachrichten im Fernsehen.

Eine Sprecherin berichtet, dass in der Nacht ein ukrainischer Flüchtling beim Versuch, die Oder zu durchschwimmen ertrunken sei. Der Mann habe die Strömung unterschätzt. Ein Foto aus einem Reisepass wird eingeblendet: Oleg, der schmächtige Mann mit der Brille.

Anna ist wach geworden und sieht, dass Dimitri gebannt auf den Fernseher starrt.

ANNA (russisch)
Was ist da passiert?

DIMITRI (russisch)
Nichts. Ich seh fern, damit ich nicht einschlafe.

Ein KELLNER kommt mit Kassenbons an den Tisch.

KELLNER (polnisch)
Ich darf dann abkassieren, ja?

DIMITRI (russisch)
Noch ein Wasser.

KELLNER (zu Anna)
Und für Sie?

DIMITRI
Nichts. Nur ein Wasser.

KELLNER (gebrochen russisch)
Können Sie sich auf der Toilette holen.
Und dann gehen Sie bitte.

Antoni verlässt das Lokal.

VOR DEM CAFÈ, SLUBICE AUSSEN/TAG

Taxifahrer warten auf Kundschaft. Dimitri kommt auf einen Fahrer zu. Anna steht mit dem Kind abseits.

DIMITRI (russisch)
Wir suchen Unterkunft.
Für den Tag, vielleicht eine Nacht.

FAHRER (gebrochen russisch)
Gehen Sie ins Hotel.

DIMITRI
Nur ein Bett. Privat.

FAHRER
Wieviel?

DIMITRI
Zwanzig Dollar.

FAHRER
Nicht bei mir.

Dimitri geht an Antoni vorbei.

ANTONI (gebrochen russisch)
Hallo. Kann ich helfen?

GARAGE, ANTONIS HAUS INNEN/TAG

Dimitri und Anna folgen Antoni in die Garage. Durch ein kleines Fenster fällt Licht auf die neue Matratze. Antoni hat zwei Decken dabei.

ANTONI (gebrochen russisch)
Hier ist es. Und... meine Frau soll nichts wissen. Leise sein, okay?

DIMITRI
Ja.

Antoni gibt Dimitri die Decken und geht.

ANTONI
Essen bring ich gleich.

DIMITRI
Danke.

Er folgt Antoni zur Treppe, flüstert.

DIMITRI
Können Sie uns rüberbringen?

ANTONI
Über den Fluss?

DIMITRI
Ja.

ANTONI
Das ist gefährlich.

Dimitri holt sein Portemonnaie aus dem Jackett. Er hält Antoni ein paar Fünfzig-Dollar-Scheine entgegen.

DIMITRI
Zweihundert Dollar?

Antoni zögert.

ANTONI
Wir reden später darüber.

»MATRATZEN-KÖNIG«, FRANKFURT INNEN,AUSSEN/TAG

Simone klopft an die verschlossene Ladentür. Sie hat eine vorteilhafte Frisur, ist leicht geschminkt, trägt einen engen Pulli und einen Rock, der ihre Figur betont. Sie sieht richtig gut aus - im Gegensatz zu Ingo, der im Hinterzimmer auf einer Matratze pennt. Endlich bemerkt er Simone.

SIMONE
Soll ich später wiederkommen?

INGO
Nein, nein. Bin gleich so weit.
Ich hab noch'n bisschen Buchhaltung gemacht gestern. Hat sich nicht mehr gelohnt, nach Hause zu fahren.

BAUGELÄNDE AN DER ODER, SLUBICE AUSSEN/TAG

Mehrere Personen stehen ein wenig steif auf einer Wiese, so als hätte ein unsichtbarer Fotograf sie da hingestellt.

Drei Limousinen nähern sich zügig und parken am Rand des Geländes. Als erstes steigt KLAUS, Mitte vierzig, aus und geht auf die Gruppe zu. Ein Mitarbeiter folgt ihm. Bei den Leuten auf dem Feld ist BEATA, Mitte zwanzig, sie steht am Rande.

Klaus wendet den Blick noch einmal zurück und ruft laut:

KLAUS
Nicht da parken! Da ist doch alles aufgeweicht!
Nicht hier! Da drüben!

Dann wendet er sich der Gruppe zu.

KLAUS
Fengler. Freut mich sehr. Wir sind in einen Stau gekommen. Kleine Verzögerung.

Die Männer haben ihn nicht verstanden und begrüssen ihn jetzt auf polnisch. Einer hält ihn offenbar für Herrn Wilke.

KLAUS
No, I am not Mr. Wilke. I am the architect.
This is my team from Berlin. -
Do we have a translator here?

BEATA
Yes.

Klaus sieht sich um. Beata lächelt.

KLAUS
Great. Großartig.
Ist denn der Herr Wilke noch nicht da?

BEATA
Er hat angerufen und muss jeden Moment hier sein.

Beata macht Klaus mit ihren polnischen Landsleuten bekannt. Vier Behördenvertreter, ein ortsansässiger kleiner Bauunternehmer, sowie zwei Bauern, denen der Wiesengrund bzw. die Zufahrt dorthin teilweise gehört. Klaus handhabt das enorme Durcheinander mit Charme und routinierter Selbstverständlichkeit.

Bei den Wagen: PHILIP, Ende zwanzig und zwei weitere Mitarbeiter von Klaus, holen noch Pläne aus dem Kofferraum. Man sieht aus der Distanz einen Geländewagen heranrauschen. Kurz darauf steigt Herr WILKE aus, Mitte fünfzig, dominante Ausstrahlung. Philip beobachtet, wie Klaus und Wilke aufeinander zugehen. Händeschütteln, Lachen. Philips Blick fällt auf Beata. Sie ist abgewandt, aber der Bewegungsablauf ihres Körpers, ihre Haltung und das Haar kommen ihm sehr vertraut vor.

Klaus stellt den Polen Herrn Wilke vor. Beata übersetzt.

KLAUS
Darf ich vorstellen. Herr Wilke, der Bauherr.
Sie haben ja sicher schon von ihm gehört.

Der polnische Bürgermeister schüttelt Wilke freundlich die Hand. Das hat schon fast offiziellen Charakter.

BÜRGERMEISTER (polnisch)
Ich freue mich sehr, dass
Wilke-Textil hier eine Fabrik bauen möchte.
Das wird eine wichtige Belebung
in unserer Region bedeuten.

Wilke lächelt und hört der Übersetzung kaum bis zum Ende zu, redet lieber.

WILKE
Kennen Sie Herrn Petzold von
der Handelskammer in Frankfurt?
Muss ich Ihnen vorstellen. Rainer!
Komm doch mal eben,
den Polen Guten Tag sagen!

Zwei Mitarbeiter Wilkes sowie Herr PETZOLD von der Handelskammer stoßen zu der Gruppe. Schließlich kommt auch Philip mit den Plänen dazu.

Beata ist immer noch abgewandt, dann dreht sie sich langsam um, während sie spricht. Als sie Philip erkennt, verstummt sie für einen Moment. Philip und Beata sehen sich an. Klaus wartet darauf, dass Philip ihm die Pläne gibt.

KLAUS
Herr Lorenz? Die Pläne!

Endlich reagiert Philip. Klaus geht das nicht schnell genug.

KLAUS
Ja, ja, wir warten.

Kurzer Zeitsprung: Die Gruppe besichtigt das Baugelände. Wilke und Klaus gehen vorneweg. Die anderen folgen in breiter Linie, wie bei einer Treibjagd. Der Hund eines Bauern läuft in großen Kreisen um die Gruppe herum, bellt. Beata übersetzt ins Polnische.

KLAUS
Die Fabrikhalle hat eine Grundfläche
von etwa 2000 Quadratmetern.

MITARBEITER VOM BAUAMT
Laut Bauverordnung müssen Sie Parkplätze für
mindestens 40 Autos bereit stellen.

ZWEITER MITARBEITER
Einzelgaragen sind besser. Mit Stahltoren.

KLAUS
Wer sagt das?

ERSTER MITARBEITER
Wir sind in Polen.

KLAUS
Ach so. Sehr witzig.

Er macht sich noch nicht einmal die Mühe, über den matten Scherz zu lächeln.

KLAUS (zu Philip)
Holen Sie bitte mal die anderen Karten aus meinem Wagen, Philip. Da ist das alles genau aufgezeichnet.

Philip sprintet zum Rand des Ackers. Kurz darauf sitzt er in der offenen Wagentür, denkt kurz nach. Zur selben Zeit ist Beata mit der Gruppe Männer auf der Wiese. Sie sieht sich nach Philip um. Der Wind weht Strähnen in ihr Gesicht, sie wischt sie beiseite.

Philip ist auf dem Weg zurück zur Gruppe. Beata hat noch etwas ins Polnische übersetzt, Klaus und Wilke sind schon weiter. Philip und Beata sind für einen Moment ohne die Gruppe.

PHILIP
Wohnst du noch im Studentenheim?

BEATA
Warum?

PHILIP
Ich würd gern mit dir sprechen.

Beata bleibt keine Zeit zu antworten. Jemand ruft nach ihr.

Später. Man steht bei den Autos, verabschiedet sich. Der Wagen Petzolds fährt ab. Die Bauern schauen sich die parkenden Autos der Deutschen an. Wilke spricht mit Klaus.

WILKE
Heute Nachmittag kommt ein Investor
aus Warschau. Der ist daran interessiert,
sich finanziell an der Fabrik
zu beteiligen.
Wäre schön, wenn Sie ihm
das Projekt vorstellen könnten.

KLAUS
Im Rahmen eines Essens vielleicht?

WILKE
Unbedingt. Ohne gutes Essen bin ich
unausstehlich. Das ist mal die Grundlage
für alles Weitere.

Klaus und Wilke lachen. Bei Klaus ist es mehr Höflichkeit als tiefes Einverständnis. Wilke wendet sich an Beata.

WILKE
Haben Sie Zeit heute abend?
Sie und eine Kollegin, ja?

BEATA
Ich kann Monika fragen.

WILKE
Ja, in Ordnung. (Zu Klaus)
Soll ich das Lokal aussuchen?

KLAUS
Wäre mir sehr recht.

WILKE
Aber zahlen müssen Sie.
Nicht, dass wir uns da falsch verstehen.

Klaus spielt lachend den Überraschten.

KLAUS
Oh, oh! Ob ich mir das noch leisten kann?
Das müssen wir dann hinterher an
den Baumaterialien sparen.

WILKE
Ich dachte, das machen Sie eh schon.

FLUR, HANDELSKAMMER FRANKFURT INNEN/TAG

In einer Spiegelung ordnet Ingo sein Haar. Viel ist da nicht zu retten.

INGO
Heute ist ein guter Tag. Das spür ich.

VORZIMMER PETZOLD, HANDELSKAMMER FRANKFURT INNEN/TAG

Ingo spricht mit Petzolds SEKRETÄRIN. Simone wartet im Flur.

INGO
Er kommt also nicht mehr jetzt.

SEKRETÄRIN
Nein. Das habe ich doch gerade versucht, Ihnen zu erklären.

INGO
Aber ich hab doch einen Termin.

SEKRETÄRIN
Ich habe gesagt, wenn wir Glück haben, kann ich Sie dazwischen schieben, aber ich habe nichts versprochen.

INGO
Können Sie mir denn sagen, ob mein Kreditantrag überhaupt schon bearbeitet worden ist.

SEKRETÄRIN
Ich darf Ihnen da leider keine Auskunft geben.

INGO
Und was ist heute nachmittag? Hat er da Zeit? Ich kann warten.

Sie sieht in ihrem Terminkalender nach.

SEKRETÄRIN
Ich hab dann erst wieder nächste Woche was.
Es tut mir wirlich leid.

Simone sieht die Enttäuschung auf Ingos Gesicht durch die Glastür des Sekretariats.

FOYER, HANDELSKAMMER FRANKFURT INNEN/TAG

Ingo und Simone stehen in der Raucherecke.

SIMONE
Wie soll denn das jetzt weitergehen?
Ein Matratzenladen ohne Matratzen.

Ingo sagt nichts.

SIMONE
Ich hab schon öfter mal überlegt,
man müsste was mit einem
Imbiss machen. Was Leckeres anbieten.
Vegetarisch vielleicht.
Bisschen Fisch dazu.
Oder asiatisch.

INGO
Ach, das kapiert doch hier keiner.
Schaun Sie sich doch mal an, was
die Leute hier essen.

Petzold kommt mit einem Mitarbeiter die Treppe runter. Sie verabschieden sich, dann geht Petzold auf den Ausgang zu. Ingo hat ihn entdeckt.

INGO
Mensch, da ist er. Petzold.
Wir haben Glück. Schnell!

Ingo läuft Petzold hinterher. Simone folgt zögerlich.

VOR DER HANDELSKAMMER AUSSEN/TAG

Petzold ist auf dem Weg zum Parkplatz. Ingo ruft ihm hinterher.

INGO
Herr Petzold!

Petzold bleibt stehen.

INGO
Mertens. Ingo Mertens.

Petzold erkennt Ingo nicht. Ingo zieht den Zeitungsartikel aus dem Portemonnaie.

INGO
Matratzen-König. Hier, die Eröffnung.

Über Petzolds Gesicht huscht ein flüchtiges Lächeln. Schwer zu sagen, ob er Ingo wirklich wiedererkennt.

INGO
Ich wollt mal mit Ihnen sprechen.
Haben Sie einen Augenblick?

PETZOLD
Um was gehts denn?

INGO
Na ja. Es gibt ein paar kleine Probleme
mit meinem Laden und-

PETZOLD
Seien Sie mir nicht böse,
jetzt muss ich weg. Lassen Sie
sich bitte einen Termin geben, ja?

INGO
Das versuche ich ja seit Tagen.
Ich brauche dringend einen Kredit!

PETZOLD
Tut mir leid.
Ich habe Ihren Fall jetzt nicht im Kopf.

Petzold will an Ingo vorbei. Der stellt sich ihm in den Weg.

INGO
Es geht um meine Existenz!
Ohne Ihre Hilfe kann ich meinen Laden dicht machen.

PETZOLD
Wären Sie jetzt so freundlich und würden mich zu meinem Wagen lassen?

Ingo tritt zur Seite, er lässt Petzold durch.

BAHNSTEIG, BAHNHOF FRANKFURT AUSSEN/TAG

Christoph steigt aus dem Zug. Um die Schulter hängt eine Fototasche. Sonja geht auf ihn zu, die beiden umarmen sich.

CAFE, FRANKFURT INNEN/TAG

Ein heruntergekommenes Morgencafe. Sonja und Christoph sitzen sich an einem Fenstertisch gegenüber.

SONJA
Heute Nacht bei der Vernehmung
hat man bei ihm einen Zettel gefunden.
So ne Papier-Serviette.
Von einem Dönerladen.

CHRISTOPH
Und da willst du jetzt hin?

SONJA
Ja.

CHRISTOPH
Und was soll das bringen?

SONJA
Ich kann mir vorstellen, dass er da wieder hinkommt. Oder dass uns dort jemand weiterhelfen kann.

CHRISTOPH
Ich denke, die Deutschen haben ihn nach Polen abgeschoben. Und die polnische Polizei setzt ihn in einen Zug Richtung Ukraine.

SONJA
Ja. Aber die schicken da niemanden mehr mit. Also kann gut sein, dass er am nächsten Bahnhof aussteigt und nach Slubice zurück kommt. Ich hab schon öfter mal für jemanden gedolmetscht, der am nächsten oder übernächsten Abend wieder da war.

CHRISTOPH
Ist das nicht alles ein bisschen vage?

SONJA
Ja. - Na und?
Ich glaub, du machst dir keine Vorstellung davon, was in so jemandem vorgeht.
Der muss nach Berlin. Völlig egal wie.

CHRISTOPH
Das glaubst du.

SONJA
Ich weiß es! Ich hab ihm doch gegenübergesessen. So was spürt man einfach.

CHRISTOPH
Gut. Angenommen wir finden ihn tatsächlich. In Slubitsch.

SONJA
Slubice.

CHRISTOPH
Ja. Und was dann?

SONJA
Wir verstecken ihn im Kofferraum
und fahren ihn nach Deutschland.
Und wenn wir Glück haben, ist da einer
von den Grenzern, die mich kennen.

CHRISTOPH
Und wenn nicht?

Sonja sieht Christoph an. Sie hat keine Antwort.

CHRISTOPH
Ich versteh ja, dass du ihm helfen willst.
Aber gibts da keine andere Möglichkeit?

SONJA
Welche denn?

CHRISTOPH
Wenn wir zum Beispiel seine Kontonummer
wüssten, dann überweisen wir
ihm ein bisschen was.

SONJA
In die Ukraine? Aufs Girokonto?

CHRISTOPH
Ich versteh dich nicht:
Wer ist denn dieser Kolja? Kennst du den?
Hast du früher schon mal Kontakt gehabt zu ihm?

Sonja schüttelt angespannt den Kopf. Tränen steigen ihr in die Augen. Christoph mustert sie.

SONJA
Ich kanns dir nicht besser erklären.
Wie die ihm nachgelaufen sind,
ihn an den Zaun gedrückt haben.
Wenn ich nur eine Sekunde früher
was gemacht hätte...

CHRISTOPH
Du musst aufhören mit dem Job.
Das ist nicht gut für dich.

SONJA
Ich glaub, ich möchte Kolja suchen.

CHRISTOPH
Ja. Natürlich. Jetzt lass uns erst mal
nach Berlin zurückfahren.
Dann sehen wir weiter.

SONJA
Ich will ihn jetzt suchen.

PARKPLATZ CITY PARK HOTEL, FRANKFURT* AUSSEN/TAG

Klaus und seine Mitarbeiter packen kleines Reisegepäck in ihre Autos. Zwei Mitarbeiter sollen zurück nach Berlin. Philip wendet sich an Klaus.

PHILIP
Ich würd gern mit dabei sein heute abend.
Wenn es da nochmal zu Diskussionen kommt wegen
der Kostenstände, vielleicht kann ich da helfen.

KLAUS
Gut, einverstanden.
Wenn Sie im Büro in Berlin entbehrlich sind.

PHILIP
Ja, ich denke schon.

Klaus mustert Philip.

KLAUS
Oder geht es um das Mädchen von vorhin?

Philip ist überrascht, dass Klaus das aufgefallen ist.

PHILIP
Ach so. Nein, wirklich.

KLAUS
Aber Sie kannten sie doch?

PHILIP
Ja, flüchtig.
Das war eine kurze Sommergeschichte
vor zwei Jahren. Da hab ich ein
Praktikum gemacht hier.

WOHNZIMMER, HAUS MAIK INNEN/TAG

Maik sammelt im Wohnzimmer ein paar persönliche Gegenstände Katharinas ein und packt sie in eine Tasche. Andreas beobachtet ihn dabei.

ANDREAS
Was machst du?

MAIK
Die vom Heim haben angerufen.
Die wollen Katharinas Sachen.

ZAUN AM ERZIEHUNGSHEIM, FRANKFURT AUSSEN/TAG

Maik steigt aus dem Wagen. Er übergibt am Eingang des Wohnheims eine Tasche mit persönlichen Dingen Katharinas an einen Mitarbeiter. Wir sehen diese Aktion von Andreas aus, der im Wagen sitzen geblieben ist.

Andreas steigt kurz aus dem Wagen, nähert sich dem Zaun. Er sieht Katharina nur aus der Ferne. Sie steht traurig herum, sagt keinen Ton, läßt sich nicht aufmuntern.

PARKBUCHT AM STADTRING, FRANKFURT AUSSEN/TAG

Simone und Ingo verabschieden sich. Ingo wirkt gebrochen.

SIMONE
Es tut mir wirklich leid.

INGO
Mir tut es leid.

SIMONE
Ist wirklich komisch. Ich schaff es einfach nicht, eine Arbeit länger als zwei Tage zu behalten. Na ja, dafür find ich immer schnell was Neues. Und wenn Sie wieder mal jemanden brauchen.

INGO
Ja, dann melde ich mich. Klar.

Simone macht keine Anstalten zu gehen.

INGO
Also dann. Vielen Dank nochmal für alles.

SIMONE
Und Ihr Wagen?

INGO
Den bring ich schon zurück. Die paar Meter.

SIMONE
Ich...wenn Sie was zum Übernachten brauchen-

INGO
Nein danke. Ich hab meine Wohnung.

Simone bedauert sofort, wie weit sie sich vorgewagt hat.

SIMONE
Ja. Natürlich. Alles Gute noch!

Ingo nickt ihr freundlich nach. Simone geht zu ihrem Wagen, der noch immer in der Parkbucht steht.

GRENZÜBERGANG STADTBRÜCKE, FRANKFURT AUSSEN/TAG

Sonja und Christoph fahren im Auto über die Grenzbrücke nach Slubice.

Philip geht zu Fuß über die Grenze nach Slubice. Am Schalter zeigt er seinen Ausweis vor.

Dokumentarische Einstellungen: Touristen mit vollen Plastiktüten vom Polenmarkt. / Sogenannte »Ameisen«, die täglich zu Fuß ein paar Stangen Zigaretten über die Grenze bringen. / Ein paar Jungs, die im Stau Autoscheiben wischen.

KÜCHE IM STUDENTENWOHNHEIM, SLUBICE INNEN/TAG

Eine einfache WG-Küche. Bunt zusammengewürfeltes Mobiliar. Beata sitzt in Jeans und Kapuzenpulli am Tisch und trinkt Kaffee. MONIKA, Mitte zwanzig, lackiert ihre Fingernägel.

MONIKA
Ruf die Agentur an und frag,
ob die jemand anderen für dich
schicken können.

BEATA
Wieso denn?

MONIKA
Oder ich mach das allein heut abend.

BEATA
Nein, ich mach das.
Ich versteh überhaupt nicht,
wo das Problem sein soll.
Der Typ ist mir egal.

Monika mustert Beata.

BEATA
Was ist?

MONIKA
Ich kenn dich, wenn dir was egal ist, siehst du anders aus.

Es klingelt. Im Off macht Kamil die Tür auf.

BEATA
Was willst du damit sagen?

MONIKA
Nichts. Du musst selbst wissen, was gut für dich ist. Da kann ich dir nicht helfen.

Kamil kommt in die Küche.

KAMIL
Da ist jemand für dich, Beata.

BEATA
Wer?

KAMIL
Philip.

BEATA
Hier? An der Tür?
Sag ihm bitte,
dass ich nicht-

Auf einmal steht Philip in der Küche. Ein unangenehmer Moment.

PHILIP
Hallo.

Monika sagt kurz hallo, dann geht sie. Beata und Philip sind allein in der Küche. Beata steht auf und räumt Geschirr weg.

BEATA
Bedien dich, wenn du Kaffee willst.
Du weißt ja, wo er steht.

PHILIP
Nein danke. Können wir kurz rausgehen?
Ich würde gern was klären.

BEATA
Philip, ich brauch das nicht.
Mir wär es ehrlich gesagt am liebsten,
wenn du wieder gehst.

Philip sieht sie an. Beata hat sich weggedreht. Er fasst sie am Arm, versucht sie umzudrehen. Sie lässt es nicht mit sich machen, verbirgt ihr Gesicht vor ihm. Schließlich sieht er doch für einen kurzen Moment ihr Gesicht, hat den Eindruck, dass sie weint. Er versucht, sie in die Arme zu nehmen. Sie lässt es sich gefallen.

Er hält sie im Arm, streichelt ihren Kopf.

FLUR, WOHNUNG IM STUDENTENWOHNHEIM* INNEN/TAG

Beata und Philip gehen eilig an Kamil vorbei. Er sieht ihnen nach.

JOBBÖRSE, FRANKFURT* INNEN/TAG

Simone steht vor einer Pinwand und sieht sich die angebotenen Jobs an. Für sie ist nichts dabei. Dann setzt sie sich auf einen Stuhl und wartet.

»KEBAB-EXPRESS«, SLUBICE AUSSEN/TAG

Christoph steht am Wagen. Er klickt sich durch digitale Fotos auf dem Display eines professionellen Fotoapparates und telefoniert dabei offenbar mit einem Mitarbeiter.

CHRISTOPH
Und wenn du mit der Agentur sprichst,
dann sag ihnen: Die zwölf...
die fünfzehn... und die sechzehn.
Das wars.

Aus Christophs Blickwinkel sehen wir, wie Sonja ein Gespräch mit einer Bedienung anfängt.

SONJA
Waren Sie gestern Abend hier?

BEDIENUNG
Ja.

Während Sonja sich im Hintergrund weiter unterhält, beendet Christoph sein Telefonat.

CHRISTOPH
Ja, ich ruf dich nachher noch mal an.
Ich bin in Frankfurt. Frankfurt Oder, ja.
Ich ruf...ich ruf dich heut Abend noch mal an.

Kurzer Zeitsprung: Sonja kommt zu Christoph an den Wagen.

SONJA
Also, die Frau kann sich erinnern
an ne Gruppe aus der Ukraine.
Und ein Student namens Kamil, der hier jobbt,
hat mit denen gesprochen.

CHRISTOPH
Und jetzt?

SONJA
Jetzt fahren wir da hin.
Sie hat mir die Adresse gegeben.

BUSBAHNHOF, SLUBICE AUSSEN/TAG

Kolja steigt aus einem Bus. Er sieht sich um, entdeckt eine Telefonzelle. Er zieht eine Klarsichthülle aus der Tasche, in der ihm der BGS seine persönlichen Gegenstände zurückgegeben hat. Kolja wählt die Nummer, die auf der Serviette des »Kebab-Express« angegeben ist.

KOLJA (russisch)
Guten Tag. Kann ich Kamil sprechen?

STRASSE IN SLUBICE AUSSEN/TAG

Beata und Philip sprechen miteinander.

PHILIP
Ich weiß gar nicht, was ich jetzt sagen soll.
Ich war so durcheinander heute früh.
So ein Zufall, echt.

Beata geht neben ihm her, sagt nichts.

PHILIP
Ich freu mich, dich wiederzusehen. Wirklich.

Beata bleibt immer noch stumm.

PHILIP
Lass uns versuchen, so normal wie möglich
über alles zu reden, ja?!

BEATA
Normal?! Ich weiß nicht, ob das normal ist,
dass du dich zwei Jahre nicht meldest.
Und dann tauchst du auf einmal hier auf und
tust so, als wäre alles in Ordnung.

PHILIP
Es tut mir leid.

BEATA
Kannst du mir das erklären?

PHILIP
Ich wollte dich nicht verletzen.
Du hast mir einen Brief geschrieben, in dem
steht, dass ich mich nie wieder blicken lassen
soll. Glaubst du, das hat mir nicht weh getan?!

BEATA (polnisch)
Du bist wirklich schlau.

PHILIP
Beata.

BEATA (polnisch)
Ich bin gespannt, was für Ausreden du dir noch einfallen lässt.

PHILIP
Ich versteh dich nicht.
Bitte sprich deutsch.
Ich versteh kein polnisch.

BEATA
Das ist dein Problem. Wenn ich dir etwas bedeuten würde, dann hättest du längst polnisch gelernt.

PHILIP
Ist das dein Ernst?

BEATA
Ja, natürlich.

PHILIP
Du spinnst, wirklich.

Sie will Philip eine Ohrfeige verpassen. Er hält ihren Arm fest. Das macht sie wütend.

BEATA (polnisch)
Was willst du eigentlich von mir?

VOR DEM STUDENTENWOHNHEIM, SLUBICE AUSSEN/TAG

Christoph und Sonja steigen aus dem Wagen. Er nimmt seine Fototasche raus und hat Schwierigkeiten mit der Beifahrertür.

CHRISTOPH
Lass lieber nichts im Wagen liegen.
Das hier ist wie eine Einladung.

Sonja sieht sich um. Auf der linken und rechten Seite zwei mehrgeschossige Wohnblocks.

CHRISTOPH
Ganz schön viel Studenten für so ein kleines Kaff.

SONJA
Wir müssen uns durchfragen.

CHRISTOPH
Teilen wir uns auf.
Ich nehm das linke Haus, du das rechte.

TREPPENHAUS WOHNHEIM, RECHTER FLÜGEL INNEN/TAG

Eine Tür öffnet sich. Ein polnischer Student erscheint.

SONJA (gebrochen polnisch)
Guten Tag. Ich suche nach Kamil.

STUDENT (polnisch)
Kenn ich nicht.

SONJA
Und Kolja? Aus der Ukraine?

STUDENT
Tut mir leid.

WOHNUNG, STUDENTENWOHNHEIM INNEN/TAG

In der Küche sitzen sich Kamil und Kolja gegenüber.

KOLJA (russisch)
Am liebsten wär mir, wenn ich es gleich heute Nacht nochmal versuchen könnte.

KAMIL (russisch)
Ich würde warten an deiner Stelle.

KOLJA
Aber außer rumsitzen kann ich hier nicht viel machen.

KAMIL
Jetzt sind die alarmiert.
Die passen ganz genau auf.

Es klingelt.

Ein kurzer Zeitsprung. Christoph steht Kamil an der Tür gegenüber.

CHRISTOPH
Hi, my name is Christoph.
I'm searching for somebody who is called Kamil.

KAMIL
I am Kamil.

Zurück in der Küche: Kamil stellt Christoph Kolja vor.

KAMIL (russisch)
Kolja, das ist Christoph.
Der Freund von Sonja, der Dolmetscherin.

Kolja steht auf.

KOLJA
Ah, Sonja! I am Kolja. - Hello.

Christoph erwidert den Gruß knapp.

KOLJA
Is she here? (russisch zu Kamil)
Sag ihm, dass ich nach Berlin muss,
dass es wirklich wichtig -

KAMIL
Kolja hat gehofft, dass Sonja gekommen ist, um -
Er muss irgendwie nach Berlin.

KOLJA (russisch)
Im Auto vielleicht. Im Kofferraum -

Einige Sätze lang haben Kamil und Kolja gleichzeitig gesprochen. Kolja ist aufgeregt.

CHRISTOPH
No Sonja.

KOLJA (russisch)
Das verstehe ich nicht.
Was macht er dann hier? Wo ist Sonja?

KAMIL (russisch)
Jetzt sei doch mal still. Setz dich
einfach da hin, und lass mich mit ihm reden, ja?

Christoph holt ein paar Scheine aus seinem Portemonnaie.

CHRISTOPH
Hier sind 200 Euro.
Reicht das für einen Schlepper?

KAMIL (russisch)
Er will dir Geld für einen Schlepper geben.

CHRISTOPH
From Sonja. She can not be here to help you.
Problems. You can have the money,
when you go now.

KOLJA

Now?

CHRISTOPH
Yes. Big problems. Better you go now.

Kolja sieht zuerst Kamil, dann Christoph an. Dann nimmt er das Geld.

Ein kleiner Zeitsprung: Kolja packt seine Sachen. Kamil und Christoph sehen ihm dabei zu. Eine bedrückende Situation. Kolja umarmt Kamil.

KOLJA (russisch)
Tschüss. Und danke.

KAMIL (russisch)
Keine Ursache.

HOF DES STUDENTENWOHNHEIMES INNEN/TAG

Christoph und Kolja gehen schweigend nebeneinander her. Schließlich bleibt Christoph stehen, gibt Kolja die Hand.

CHRISTOPH
Okay. Good luck.

KOLJA
Okay.

Christoph sieht Kolja nach, wie er hinter den parkenden Autos verschwindet.

STUDENTENWOHNHEIM, RECHTER BLOCK INNEN/TAG

Als Christoph den anderen Trakt betritt, kommt ihm Sonja im Flur entgegen.

SONJA
Hast du ihn?

Christoph zögert einen Moment. Das, was er jetzt sagt, kostet ihn Überwindung.

CHRISTOPH
Leider nicht.
Die meisten sind weg. Semesterferien.

SONJA
Vielleicht sollten wir
es später nochmal probieren.

CHRISTOPH
Ja.

Sonja wirkt erschöpft und ratlos. Christoph nimmt sie in den Arm.

CHRISTOPH
Du hast es wenigstens versucht.
Sonja drückt Christoph.

Moment ist er ihr einziger Halt.

SONJA
Danke, dass du mir geholfen hast.
Es ist manchmal anstrengend mit mir, ich weiß.

CHRISTOPH
Ist okay. Sollen wir zurückfahren?

VOR DEM STUDENTENWOHNHEIM, SLUBICE AUSSEN/TAG

Sonja und Christoph gehen zurück zum Wagen. Sonja öffnet die Fahrertür. Sie steigt ein.

CHRISTOPH
Gibst du mir den Schlüssel?
Ich leg die Ausrüstung nach hinten.

Sonja sitzt am Steuer. Sie hört, wie Christoph mit voller Wucht gegen den Wagen tritt.

CHRISTOPH
Scheiße!

Sonja steigt aus dem Wagen und geht nach hinten. Im Kofferraum liegt Kolja.

Wenig später: Sonja und Kolja sprechen schnell und temperamentvoll miteinander. Sie stellt Fragen. Er sucht nach Antworten. Es macht den Eindruck, als ob sie Kolja ausfragen würde. Christoph versteht nur, dass sein Name mehrmals fällt. Sonja wendet sich an Christoph.

SONJA
Stimmt es, dass du ihm Geld gegeben hast?

CHRISTOPH
Sonja-

SONJA
Stimmt es?

CHRISTOPH
Er nimmt sich einen Schlepper,
und der bringt ihn nach Deutschland.
Die können das besser als du.

SONJA
Du hast gesagt, du hast
ihn nicht gefunden.

CHRISTOPH
Tut mir leid. Das war-

SONJA
Warum lügst du mich an?

CHRISTOPH
Weil ich dich beschützen wollte.
Ich wollte nicht, dass du ihn
im Kofferraum über die Grenze fährst.

SONJA
Das ist doch meine Entscheidung, oder?

CHRISTOPH
Ja, aber ich hab keine Lust, deswegen
im Knast zu landen.
Nur weil du so mitfühlend bist.

SONJA
Zum Glück denken nicht alle
so wie du.

CHRISTOPH
Du denkst überhaupt nicht an die Konsequenzen.
Glaubst du im Ernst, die lassen dich
an der Grenze einfach durchfahren?

SONJA
Ach komm, spar dir deine Ausreden.
Ich machs allein.

Kolja hat den beiden eine Weile zugehört. Jetzt nimmt er seine Tasche und will gehen. Sonja hält ihn auf.

SONJA (russisch)
Bleiben Sie hier. Ich helfe Ihnen.
Ich fahr Sie über die Grenze.

KOLJA (russisch)
Sind Sie sicher?

SONJA (russisch)
Ja.

KOLJA (russisch)
Es tut mir leid, dass Sie Ärger wegen mir haben.

SONJA (russisch)
Geben Sie ihm bitte das Geld zurück!

Kolja zieht umständlich die Scheine aus der Hosentasche.

CHRISTOPH
Was soll'n das jetzt?

SONJA
Der braucht dein Geld nicht.
Der braucht jemanden, der ihm hilft.

CHRISTOPH
Frag ihn doch mal, ob er das auch so sieht.
Ich hatte den Eindruck,
dass er es ganz gern nimmt.

SONJA (russisch)
Geben Sie ihm jetzt das Geld!

Kolja rückt betreten das Geld wieder raus.

CHRISTOPH
Das sind keine Boat-People.
Du verwechselst da was.
Denen gehts nur um eins: Kohle machen.
Die nehmen sich, was sie kriegen können.

SONJA
Ist mir egal. Ich mach es allein.

CHRISTOPH
Das hier ist doch die größte Schwachsinnsaktion überhaupt.

SONJA
Dann hau doch endlich ab!

Christoph winkt nach einem entgegenkommenden Taxi.

CHRISTOPH
Ja. Gut. Alles klar.
Dir ist echt nicht zu helfen.

Christoph steigt ins Taxi. Sonja bemerkt, dass er seine Ausrüstung vergessen hat. Sie ruft dem Taxi hinterher.

SONJA
Hey! Nimm den Scheiß mit! Deine blöde Tasche!

Das Taxi ist schon außer Rufweite.

AM UFER DER ODER, SLUBICE AUSSEN/TAG

Die Stelle am Fluss, an der die Firma gebaut wird. Philip läuft die Umrisse des Geländes ab. Er ist voll Begeisterung für das geplante Projekt. Beata sieht ihm zu.

PHILIP (ruft Beata zu)
Komm mal hier rüber! Das ist der Blick von der Einfahrt auf die Glasfassade.

Kaum hat Beata ihn erreicht, läuft er weiter.

PHILIP
Und hier, da kommen die Büros hin.
Alle Zimmer haben Blick auf den Fluss. Komm!

BEATA
Baust du die Fabrik ganz allein?

PHILIP
Ja klar, das zieh ich ganz allein durch.

Er kommt zu ihr, geht neben ihr, außer Atem.

PHILIP
Nein, schön wärs. Aber die Glasfassade,
die hab ich entworfen.
Wenn man jahrelang nur zeichnet,
und dann was gebaut wird,
das ist - wie ein Pilot,
der immer nur im Simulator
sitzt und zum ersten Mal
fliegen darf.

BEATA
Du schaffst das bestimmt.
Bisher hast du doch alles
geschafft, was du
dir vorgenommen hast.

PHILIP
Und was machst du? Studierst du noch?

BEATA
Lass uns von etwas anderem reden.

PHILIP
Gut. Aber wenn du weiterkommen willst, dann
musst du dir gleich nach dem Studium
einen Job suchen.

BEATA
Du hast dich wirklich verändert.

PHILIP
Findest du?

Er sieht sie an.

PHILIP
Du hast dich überhaupt nicht verändert.

Ein Zeitsprung: Am Ufer der Oder. Die beiden sitzen nebeneinander unter einem Baum. Sie wirken jetzt fast wie ein verliebtes Paar.

BEATA
Du hättest wenigstens sagen können, dass Schluss ist. Aber du hast einfach nicht mehr angerufen. Ich wusste überhaupt nicht, was los ist. Verstehst du?

PHILIP
Ja, versteh ich. Es tut mir leid. Wirklich.

Beata wirft Philip einen misstrauischen Blick zu.

BEATA
Wie lange bleibst du hier?

PHILIP
Nur bis heute Abend. Aber wenn das klappt mit der Fabrik, könnte ich öfter hier sein. Wir könnten uns sehen. Wie früher.

BEATA
Und wenn die Fabrik fertig ist?

PHILIP
Ich weiß nicht.

Beata steht auf.

BEATA
Ich glaub, es ist besser, wenn wir uns nicht wiedersehen.

PHILIP
Warum denn nicht?

Philip steht auch auf, er lächelt Beata an.

BEATA
Wenn du so kuckst, siehst du aus wie früher.

Philip küsst Beata. Einen Moment lässt sie es sich gefallen. Dann drückt sie Philip weg.

BEATA
Mach das nicht.

Beata geht, Philip sieht ihr hinterher, dann folgt er ihr.

GRENZÜBERGANG, FRANKFURT/ODER AUSSEN/TAG

Sonja kommt mit dem Wagen an die Grenze. Ein Polizist will ihren Ausweis sehen. Sonja ist sicher, dass ihm auffallen muss, wie aufgeregt sie ist, aber der Polizist gibt ihr den Pass zurück. Dann wirft der Beamte noch einen kurzen Blick in den Wagen und sieht Christophs Fototasche.

POLIZIST
Was haben Sie da
auf dem Rücksitz?

SONJA
Eine Fotoausrüstung.

POLIZIST
Die sollten Sie lieber
im Kofferraum transportieren.
Das ist sicherer.

SONJA
Ja. Danke.

POLIZIST
Gute Fahrt.

Sonja fährt los. Auf ihrem Gesicht löst sich die Anspannung. Ein Gefühl, als hätte sie die ganze Zeit nicht geatmet.

SCHUPPEN UND HOF   INNEN,AUSSEN/TAG

Maik und Andreas holen Zigaretten aus den Plastiktüten im Schuppen und verpacken sie in große Kartons. Die Kartons kommen in den Wagen.

LANDSTRASSE AUSSERHALB FRANKFURTS   AUSSEN,TAG

Maik und Andreas erreichen einen abgelegenen Rastplatz. Etwas später: Die Fahrertür des Wagens ist offen, Maik wartet im Wagen. Auf dem Beifahrersitz kauert Andreas. Ein Transporter nähert sich, fährt langsam an Maik und Andreas vorbei. Maik hupt kurz, dann steigt er aus dem Wagen. Aus dem anderen Transporter kommen zwei Vietnamesen.

Ein kurzer Zeitsprung: Aus Andreas Blickwinkel sehen wir, wie Maik mit den beiden Vietnamesen spricht und Geld von ihnen bekommt. Maik gibt Andreas ein Zeichen. Er kommt aus dem Wagen, und nimmt Maiks Geld entgegen.

Zurück im Wagen öffnet Andreas die Kasse, legt das Geld hinein und verschließt sie wieder.

Daraufhin geht Maik mit den Vietnamesen an seinen Wagen und übergibt ihnen die Kartons mit den Zigaretten.

Gleichzeitig ist Sonja auf dem Rastplatz. Sie lässt Kolja aus dem Kofferraum. Er streckt sich erstmal, alles tut ihm weh.

KOLJA (russisch)
Wo sind wir?

SONJA (russisch)
Wir sind schon in Deutschland.
Das ist Deutschland.

Kolja kann sein Glück kaum fassen, er freut sich unglaublich. Er umarmt Sonja so stürmisch, sie kommt fast ins Stolpern.

IN MAIKS WAGEN, MAIKS HOF INNEN,AUSSEN/TAG

Maik und Andreas nähern sich Maiks Hof.

MAIK
Jetzt zieh nicht so'n Gesicht.
Katharina kann sich selber helfen.
Die ist alt genug.

Andreas tut so, als ob er Maik gar nicht gehört hätte.

MAIK
Lass die Finger von dem Mädchen!
Kann ich dir nur raten.
Die ist viel zu gerissen
für dich.

Maiks Wagen erreicht den Hof.

MAIK
Die siehst du eh nie wieder.
Heute abend wird sie verlegt.
In ein anderes Heim.
Irgendwo an die Ostsee.

Kaum hat Maik angehalten, kommt ein junger Mann mit einer Lichtmaschine auf ihn zu.

MANN
Du hast mir totale Scheiße verkauft.
Die is im Arsch.

Maik sieht sich die Lichtmaschine an.

MAIK
Die ist nicht von mir. Meine Ware ist markiert.
Und die hier nicht.

MANN
Spinnst du? Ich zeig dir genau,
wo ich sie ausgebaut hab!

Maik zieht mit dem Typen los über den Hof.

Andreas beobachtet, wie Maik mit dem Mann verschwindet. Er zögert einen Moment. Der Zündschlüssel steckt. Andreas rutscht ans Steuer und fährt mit dem Kleinbus vom Hof.

LANDSTRASSE VOR DEM ERZIEHUNGSHEIM AUSSEN/TAG

Andreas nähert sich mit dem Transporter dem Heim. Vor der Einfahrt biegt er ab, lässt den Wagen auf einem Feldweg hinter Buschwerk rollen, so dass er kaum noch zu sehen ist.

HINTER DEM ERZIEHUNGSHEIM AUSSEN/TAG

An der Rückseite des Heims ist ein Tor aus Metallrahmen und Maschendraht im Zaun. Andreas ruft einer Insassin zu. Das Mädchen kommt nur zögernd näher.

ANDREAS
Komm mal her.

MÄDCHEN
Wir sollen nicht mehr an den Zaun.

ANDREAS
Ich muss mit Katharina sprechen.

Andreas schiebt ein paar Zigaretten durch den Zaun.

ANDREAS
Bitte. Hol sie für mich.

Das Mädchen nimmt die Zigaretten und läuft zum Haus.

Später: Andreas sitzt im Transporter und beobachtet, wie Katharina vom Haus auf den Zaun zugeht. Sie ist allein, sieht sich um. Langsam geht sie den Zaun entlang und entdeckt schließlich den Bus, der hinter Büschen auftaucht.

Andreas gibt Gas, fährt gegen das verriegelte Tor. Es gibt kaum nach. Andreas nimmt Anlauf, rammt es ein zweites Mal. Jetzt springt die Kette auf, die die zwei Flügel des Tores zusammenhält. Katharina rennt los. Sie erreicht das Tor, bevor die ersten Angestellten aufmerksam werden. Als sie Alarm geben, ist Katharina bereits auf der anderen Seite. Andreas öffnet die Beifahrertür. Sie springt hinein.

Der Wagen fährt in einer Staubwolke davon.

KLEINBUS, LANDSTRASSE AUSSEN/TAG

Katharina sitzt neben Andreas. Sie ist aufgekratzt, kann noch gar nicht glauben, dass Andreas sie tatsächlich da raus geholt hat.

KATHARINA
Wohin fahren wir?

ANDREAS
Ich weiß nicht.
Ich muss den Wagen zurück bringen.

Katharina nimmt Maiks Blechkasse und schüttelt sie.

KATHARINA
Wie viel ist da drin?

ANDREAS
Die gehört Maik.

KATHARINA
Gib mir die Schlüssel.

ANDREAS
Nein.

Katharina zieht den Zündschlüssel samt Schlüsselbund ab. Der Wagen rollt neben einem Maisfeld aus.

FELDWEG MIT MAISFELD AUSSEN/TAG

Katharina springt mit der Kasse aus dem Transporter und läuft in das Maisfeld.

Zeitsprung: Andreas läuft durch den Mais und stößt auf Katharina. Sie hat beide Hände voller Geldscheine, die geöffnete Kasse liegt neben ihr.

KATHARINA
Leg dich hin.

ANDREAS
Wieso?

KATHARINA
Nicht fragen. Mach.

Andreas hat sich auf den Rücken gelegt. Geldscheine segeln auf ihn herunter. Katharina geht um ihn herum, wirft Scheine in die Luft, lächelt.

LANDSTRASSE AUSSEN/TAG

Marko düst mit dem Mofa die Straße runter. Als er den Kleinbus Maiks auf einem Weg stehen sieht, fährt er in einer Schleife zurück. Der Bus steht mit offenen Türen da.

FELDWEG MIT MAISFELD AUSSEN/TAG

Andreas sitzt neben Katharina im Feld.

KATHARINA
Lass uns abhauen.
Mit dem Geld. Irgendwo hin.

Für einen Moment bleibt die Zeit stehen. Das Gesicht von Andreas, ernst, abwägend. Ist das eher ein Spiel oder meint Katharina es ernst?

ANDREAS
Glaubst du, das geht?

KATHARINA
Für ein paar Monate reichts.

Katharina drückt Andreas zu Boden. Sie liegt neben ihm. Sie sieht ihn an. Ein zärtlicher Moment zwischen den beiden, der gefährlich ist, weil alles möglich sein könnte.

Das Hupsignal von Maiks Transporter ist zu hören. Andreas setzt sich auf. Wieder das Hupen. Andreas sammelt hektisch die Scheine ein.

ANDREAS
Schnell. Hilf mir.

Andreas kriecht auf allen Vieren und hebt die Scheine auf. Katharina hilft ihm jetzt. Dann taucht Marko auf.

Ein Zeitsprung: Nah auf Andreas, wie er immer wieder von der Hand Markos vor den Kopf gestoßen wird. Andreas läuft nicht weg, nimmt die Stöße hin.

MARKO (off)
Wer hat sich das ausgedacht?
Wer sich das ausgedacht hat!
Du oder Katharina? War sie es?

Andreas schüttelt den Kopf.

KLEINBUS, FELDWEG AUSSEN/TAG

Marko zerrt Andreas hinter sich her aus dem Maisfeld. Katharina folgt den beiden.

Marko nimmt das Mofa, hebt es in den Wagen, zieht mit Wucht die Schiebetür zu. Ohne auf Andreas zu achten, geht er Richtung Fahrertür.

MARKO (zu Katharina)
Steig ein!

Katharina zögert.

KATHARINA
Und Andreas?

MARKO
Du sollst einsteigen!

Katharina bleibt stehen. Marko holt mit einer Hand aus, als ob er sie schlagen wollte. Aber so weit kommt es nicht. Sie will einsteigen.

ANDREAS
Lass sie hier!

MARKO
Halt die Klappe. Kapier endlich, dass sie nichts von dir will.
(Zu Katharina) Stimmts?

Katharina sagt nichts.

MARKO
Gib mir einen Kuss.
Los!

Marko zieht sie zu sich. Sie gibt ihm schließlich einen Kuss.

MARKO
Und jetzt steig ein.

Dann steigt auch Marko ein, lässt den Wagen an.

ANDREAS
Warte!

Marko setzt zurück, dann gibt er Gas und fährt davon.

ANDREAS
Marko!

Andreas läuft hinterher, in den Händen hat er die Kasse.

ANDREAS
Marko!!

ANFAHRT HOF, MAIKS HAUS* INNEN,AUSSEN/TAG

Marko sitzt am Steuer des Kleinbusses, Katharina neben ihm.

KATHARINA
Ich kann nicht zurück
auf den Hof.
Die werden mich suchen.

MARKO
Wenn du gehorchst,
versteck ich dich.

KATHARINA
Maik wird mich finden.

MARKO
Der regt sich immer erst
wahnsinnig auf,
aber nach'n paar Tagen
is es ihm dann wieder
scheißegal.

Marko und Katharina erreichen den Hof. Dort parkt das Auto vom Erziehungsheim. Zwei Mitarbeiter sprechen mit Maik.

KATHARINA
Scheiße. Die sind schon da.

Marko bremst, fährt zurück, bis sie außer Sichtweite sind.

MARKO
Geh außen rum. Versteck dich im Schuppen.

Katharina steigt aus dem Kleinbus. Marko fährt auf den Hof.

BEKLEIDUNGSGESCHÄFT, SLUBICE   INNEN/TAG

Milena steht mit Marysia an der Kasse. Die Verkäuferin packt das Kleid in eine längliche Schachtel.

VERKÄUFERIN (polnisch)
Dann bekomme ich noch 700 Zloty.

MILENA (polnisch)
Ich dachte, mein Mann
hat das Kleid schon bezahlt.

VERKÄUFERIN
Leider nicht. Er hat es nur zurücklegen lassen.

MILENA
Ich habe aber kein Geld dabei.

VERKÄUFERIN
Es tut mir leid, aber dann kann ich
Ihnen das Kleid nicht mitgeben.

Am Ladentisch nebenan wird das Kleid für die Tochter einer befreundeten Familie eingepackt. Den Leuten entgeht es nicht, dass Milena das Kleid für Marysia noch hier lassen muss.

STRASSE VOR BEKLEIDUNGSGESCHÄFT   AUSSEN/TAG

Milena hat Marysia an der Hand. Sie muss sie fast mit sich ziehen. Marysia heult.

AN DER ODER, SLUBICE   AUSSEN/TAG

Als Angler getarnt drückt Antoni sich am Ufer herum. Er nähert sich unauffällig CZESLAW, einem anderen Angler.

ANTONI (polnisch)
Kennen Sie sich ein bisschen aus?
Ist das Wasser hier flach?

Czeslaw mustert Antoni.

CZESLAW (polnisch)
So flach, dass man
durchlaufen kann?

ANTONI
Zum Beispiel.

Czeslaw deutet auf eine etwas entfernte Stelle.

CZESLAW
Da kommt man nachts vielleicht rüber.
Wenn das Schnellboot vom Grenzschutz
einen nicht erwischt.

ANTONI
Die passen ganz schön auf, oder?

CZESLAW
Und wie.

ANTONI
Wenn die Deutschen
was machen, dann
machen sie es perfekt.

CZESLAW
Sie brauchen jemanden,
der sagt, wenn die Luft
rein ist. Kostet zweihundert
Zloty. Aber die sind gut angelegt.

ANTONI
Keine Frage. Fünfzig Vorschuss?

CZESLAW
Alles jetzt.

Antoni gibt Czeslaw schweren Herzens das Geld.

GARAGE, ANTONIS HAUS INNEN/TAG

Dimitri und Anna sitzen auf der Matratze.

ANNA (russisch)
Der bleibt aber wirklich
lange weg. Hier ist es
wie in einem Gefängnis.
Lass uns lieber gehen.

DIMITRI (russisch)
Hab etwas Geduld.
Er wird uns über den Fluss
bringen. Ich hab ihn gefragt.

ANNA
Was hast du? Bist du verrückt?
Du hast ihm doch nicht etwa
unser Geld gegeben?

DIMITRI
Nein. Anna-

ANNA
Zeig mir das Geld.
Wo ist es?

Dimitri holt sein Portemonnaie heraus.

DIMITRI
Der ist ehrlich.
Sieht man ihm doch an.

ANNA
Wir kennen ihn doch gar nicht.
Was ist, wenn er uns verrät?

Sie sieht im Portemonnaie nach, ob alles noch da ist.

ANNA
Du bist viel zu naiv.
Wir brauchen einen richtigen
Schleuser. Keinen Amateur.

FLUGPLATZ POLITZ AUSSEN/TAG

Ein kleiner Tower, ein Restaurant und eine Landebahn. Ein Sportflugzeug setzt zur Landung an. Herr BOROWIAK, Mitte fünfzig, steigt aus. Wilke, Klaus, Philip, Beata und Monika stehen da wie ein kleines Empfangskommitee. Wilke stellt Borowiak den anderen vor. Der Pole lächelt freundlich.

IN WILKES MERCEDES INNEN/TAG

Wilke am Steuer, Klaus neben ihm. Beata sitzt hinten neben Borowiak. Er sieht Papiere mit Kalkulationen durch.

BOROWIAK (polnisch)
Die große Glasfassade -
das ist völlig utopisch,
unbezahlbar.

KLAUS
Was sagt er?

WILKE (zu Klaus)
Ich glaub, er haut gerade
Ihre Kalkulation in die Tonne.

IM MIETWAGEN VON KLAUS* INNEN/TAG

Philip schweigend am Steuer, Monika neben ihm.

KÜCHE, HAUS ANTONI INNEN/TAG

Antoni kommt vom Flur in die Küche. Milena bereitet ein Essen vor. Als sie ihn sieht, macht sie ihm Vorwürfe.

MILENA (polnisch)
Wo warst du?
Hast du das Kleid?

ANTONI (polnisch)
Milena, hör mir einen Moment zu.

MILENA
Warum sagst du es nicht einfach,
wenn du das Geld nicht hast?
Dann hätten wir Zeit gehabt,
ein gebrauchtes Kleid zu kaufen.
Aber jetzt ist es zu spät.

ANTONI
Ein gebrauchtes Kleid
kommt nicht in Frage.
Ich werd das Geld
schon noch besorgen.

Milena verlässt die Küche. Antoni folgt ihr.

ANTONI
Wo gehst du hin?
Was willst du machen?

MILENA
Ich werde das Kleid
selber nähen.

WEG ZUR GARAGE, HAUS ANTONI AUSSEN/TAG

Milena ist auf dem Weg zur Garage. Antoni folgt ihr.

GARAGE, HAUS ANTONI INNEN/TAG

Milena öffnet einen alten Kleiderschrank, schiebt ein paar alte Kleider zur Seite und nimmt ihr in Folie eingepacktes Hochzeitskleid heraus. Antoni bleibt am Eingang zur Garage stehen.

Im nächsten Moment entdeckt Milena Dimitri und Anna, die völlig überrascht auf der Matratze in der hinteren Ecke der Garage sitzen.

KÜCHE, HAUS ANTONI INNEN/TAG

Milena redet auf Antoni ein.

MILENA (polnisch)
Was genau hast du mit ihnen vereinbart?

ANTONI (polnisch)
Ich helfe Leuten, die in Not sind. Und ich mach das für Marysia. Sie soll genau das Kleid bekommen, das sie sich wünscht.

MILENA
Wenn du die über den Fluss bringen willst, dann bist du wirklich verrückt.

ANTONI
Nicht ich. Das macht ein Profi.
Ich hab alles mit ihm geklärt. Und Marysia bekommt genau das Kleid, das sie sich wünscht.

BACH AM STADTRAND, FRANKFURT AUSSEN/TAG

Dämmerung. In seinen Händen die Kasse, watet Andreas durch einen Bach, irgendwo am Stadtrand von Frankfurt. Hier ist sonst niemand unterwegs. In der Ferne die Lichter der Stadt.

SONJAS AUTO IN BERLIN INNEN,AUSSEN/TAG

Kolja sitzt neben Sonja im Auto. Er sieht die Hochhäuser am Potsdamer Platz.

KOLJA (russisch)
Kann ich hier aussteigen?

SONJA (russisch)
Hier? Am Potsdamer Platz?

KOLJA
Ja. Gleich hier.

Sonja hält an. Kolja steigt aus.

KOLJA
Moment.
Meine Jacke.

Während Sonja aussteigt, kippt Kolja den Beifahrersitz nach vorn und holt seine Jacke von der Rückbank.

KOLJA
Ich werde Ihnen das nie vergessen.
Es war sehr mutig von Ihnen.

SONJA
Ich wünsche Ihnen viel Glück.
Passen Sie auf sich auf.

Kolja hat es jetzt ziemlich eilig. Rasch ist er in der Menschenmenge verschwunden. Sonja sieht ihm nach.

JOBBÖRSE FRANKFURT/ODER* INNEN/TAG

Simone sitzt immer noch in der Jobbörse. Außer ihr ist niemand mehr da. Ein Angstellter spricht sie an.

ANGESTELLTER
Wir machen zu.
Heute kommt bestimmt
nichts mehr rein.

Simone steht auf und geht. Der Angestellte schließt hinter ihr ab.

SIMONE
Bis morgen früh.

ANGESTELLTER
Ja. Wiedersehen.

STRASSE, BERLIN   AUSSEN/NACHT

Sonja parkt den Wagen vor dem Haus, in dem sie wohnt. Sie steigt aus und will Christophs Fototasche von der Rückbank holen. Die Tasche ist offen, die Kamera ist weg.

POTSDAMER PLATZ   AUSSEN/NACHT

Kolja steht staunend vor einer Wand aus Lichtern: Die hell erleuchteten Hochhäuser am Potsdamer Platz. Er hat Christophs Fotoapparat und fängt an, Fotos von den Gebäuden zu machen.

FLUR UND KÜCHE, MAIKS HAUS   INNEN/NACHT

Andreas kommt erschöpft mit der Kasse zurück ins Haus. Alles ist ganz ruhig. Durch die halb offene Küchentür sieht er Maik und Marko miteinander sprechen.
Andreas schleicht leise die Treppe hoch. Er hört, wie in der Küche jemand so heftig vom Stuhl aufspringt, dass Gläser umfallen. Andreas rennt los, die Treppe hoch. Maik kommt aus der Küche, folgt ihm.

ZIMMER DER JUNGS, MAIKS HAUS   INNEN/NACHT

Andreas versucht, einen Stuhl unter die Türklinke zu schieben. Von der anderen Seite wird jetzt heftig an der Klinke gerüttelt. Andreas sucht unter dem Bett Schutz. Die Türe wird aufgerissen. Marko und dann Maik kommen herein. Maik zieht seinen Gürtel aus der Hose.

MAIK
Hol ihn da raus!

Marko zieht Andreas am Bein raus. Andreas versucht, sich eine Zeit lang am Fuß des Bettes festzuhalten, dann hat er keine Kraft mehr.

Andreas liegt mit dem Bauch auf dem Bett. Maik drückt ihn nach unten. Seine Hose ist bis zu den Knien heruntergezogen.

Mit dem Gürtel schlägt Maik wütend auf Andreas ein. Maik hat Tränen in den Augen.

SCHUPPEN, MAIKS HAUS INNEN/NACHT

Katharina hört im Schuppen, wie Andreas schreit. Sie öffnet die Tür des Schuppens vorsichtig, schaut sich ängstlich um.

FLUR, MAIKS HAUS INNEN/NACHT

Maik kommt die Treppe runter in die Küche. Marko folgt ihm. Im Flur steht Katharina.

MAIK
Was macht'n die hier?
Seid ihr bescheuert? Hau ab!

MARKO
Die bleibt hier.

MAIK
Die Idioten vom Heim warn schon wieder hier.
Die brauch ich nicht hier aufm Hof.
Die suchen nach ihr.

Maiks Worte bleiben ohne Wirkung. Niemand unternimmt etwas.

MAIK (zu Katharina)
Du sollst abhauen!
Hörst du schlecht?

Maik packt Katharina am Arm. Marko drückt ihn weg.

MARKO
Ich pass auf sie auf.
Wenn sie gehen muss, geh ich auch.

Maik hat noch nicht erkannt, dass es Marko ernst ist. Er macht einen weiteren Schritt auf Katharina zu.

MAIK
Die bleibt nicht hier!

MARKO
Fass sie nicht an!

Für einen Moment ist die Situation in der Schwebe. Ein Kräftemessen zwischen Marko und Maik. Schließlich gibt Maik nach.

ZIMMER DER JUNGS, MAIKS HAUS   INNEN/NACHT

Marko packt das Bettzeug von Andreas und wirft es samt Matratze auf den Flur. Andreas kauert in einer Ecke des Zimmers, sieht stumm zu.

MARKO
Raus!

In der Tür steht Katharina. Andreas geht an ihr vorbei ins Treppenhaus.

SIMONES WAGEN, STRASSE FRANKFURT   INNEN,AUSSEN/NACHT

Simone fährt durch die Innenstadt. Ein Baustrahler taucht die Fassade eines Ladens in helles Licht. »Neueröffnung« ist da deutlich zu lesen. Zwei Männer bringen ein Firmenschild über der Tür an: MATRATZEN-KÖNIG.

Simone ist ausgestiegen und steckt einen Werbezettel ein. Schon in den nächsten Tagen soll hier offenbar eine neue Filiale eröffnet werden.

VOR »MATRATZEN-KÖNIG«   AUSSEN/NACHT

Simone parkt ihren Wagen und steigt aus. Sie nähert sich Ingos Laden. Alles ist dunkel. Erst im Näherkommen sieht sie durch das Fenster, wie Ingo sich beim Licht einer Gaslampe ein Schlaflager macht. Sie bringt es nicht fertig, Ingo von ihrer Entdeckung zu erzählen. Als sie sich davonstehlen will, bemerkt Ingo Simone. Er kommt an die Tür.

INGO
Was ist?
Ist was nicht in Ordnung?

SIMONE
Doch. Ich war nur auf dem Weg
nach Hause und...

INGO
Und?

SIMONE
Das mit Ihrer Wohnung...
das stimmt nicht, oder?

Ingo sieht Simone an. Wieder sein undurchdringlicher Blick.

ESSZIMMER UND KÜCHE, SIMONES WOHNUNG* INNEN/NACHT

Komplettes Kontrastprogramm zu Ingos Laden. Warme WG-Atmosphäre. Ein halbes Dutzend Kinder drängelt sich um den Esstisch. Ein lautes Durcheinander. Es geht um Hausaufgaben, Taschengeld, um alles Mögliche - nur um Ingos Probleme kümmert sich hier niemand. ULI, ein freundlicher Typ in Simones Alter bringt eine Schüssel, Simone und Ingo sitzen am Tisch.

INGO
Sind das alles Ihre?

SIMONE
Vier sind von Uli.
Nur der Kleine hier ist meiner.
Und die Älteste, das ist
meine Tochter. Die ist fünfzehn.

INGO
Dann stimmt das aber nicht
mit den neunundzwanzig.

SIMONE
Wenn ich Ihnen erzählt hätte,
dass ich Mitte dreißig bin,
dann hätten Sie mir die Arbeit
ja nicht gegeben.

ULI
Wir haben uns gedacht, das ist
ganz praktisch. Wenn Simone
einen Job hat, kümmere ich mich
um die Kinder. Wenn ich arbeite,
übernimmt sie das.
Da ist noch ein bisschen
Auflauf im Herd,
wollen Sie?

Ingo nickt. Uli verschwindet in der Küche.

INGO
Dann sind Sie und Uli
kein Paar?

SIMONE
Nein. Aber das klappt sehr gut so.
Eigentlich sogar besser.

Ein kurzer Zeitsprung: Simone ist bei Uli in der Küche. Er überfliegt den Flyer der zweiten König-Filiale.

ULI
Du musst ihm das zeigen.

SIMONE
Ich glaub, ich schaff das nicht.

ULI
Soll ich es ihm sagen?

Uli will mit dem Flyer ins Esszimmer. Simone hält ihn zurück.

SIMONE
Nee. Dann mach ich das selbst.

RESTAURANT IM ODERTURM, FRANKFURT INNEN/NACHT

Ein großer Tisch in einem gepflegten Restaurant. Klaus hat das Wort ergriffen. Monika übersetzt leise für Herrn Borowiak.

KLAUS
Der Anlass dieses Essens
ist ein ganz besonderes
deutsch-polnisches Projekt,
ein wichtiges Signal
für die Region,
für die Menschen hier, in Slubice
und in Frankfurt.
Sehr geehrter Herr Wilke,
sehr geehrter Herr Borowiak.
Ihre Textilfabrik bedeutet
für unser Büro mehr als nur Pläne
und Kalkulationen. Es ist uns
eine besondere Ehre, daran,
so hoffe ich doch,
teilzuhaben. Herzlichen Dank,
dass Sie sich die Zeit
genommen haben, hier zu sein.
Auf Ihr Wohl,
auf das Wohl Ihrer Firma
Wilke-Textil.

Die Männer stoßen an. Klaus zwinkert Philip zu. Jetzt hat Borowiak das Wort, er spricht polnisch. Beata übersetzt.

BOROWIAK
Ich bedanke mich für die Einladung.

Alle warten darauf, dass er seine Rede fortsetzt.

BOROWIAK
Ich bin fertig.

Wilke lacht herzhaft.

WILKE
Das gefällt mir.

VOR ANTONIS HAUS   AUSSEN/NACHT

Antoni packt Dimitri, Anna und das Baby in sein Taxi.

TANKSTELLE, SLUBICE   AUSSEN/NACHT

Antoni erreicht einen kleinen Parkplatz an der Promenade. Anna und Dimitri warten am Wagen, während Antoni von einem öffentlichen Fernsprecher aus telefoniert.

ANTONI (polnisch)
Czeslaw? Sind Sie bereit?
Gut... ich warte also auf Ihren Anruf, ja?
So bald es geht.
Ja. Danke.

Antoni legt auf. Er geht zu Dimitri und Anna.

ANTONI (gebrochen russisch)
Er meldet sich, so bald es sicher ist, rüberzugehen.

DIMITRI
Gut. Wie tief ist das Wasser?

ANTONI
Nicht so tief.

Anna hat ihren Sohn fürsorglich in eine Decke gewickelt. Darüber zieht sie noch eine hellblaue Mülltüte.

RESTAURANT IM ODERTURM   INNEN/NACHT

Am Tisch wird gegessen, die Männer sprechen durcheinander. Wilke ist ein charmanter Unterhalter, er lässt keine Gelegenheit ungenutzt, mit Beata zu flirten. Philip entgeht das nicht. Er sucht Beatas Blick, aber sie weicht ihm aus.

Monika übersetzt für Herrn Borowiak, der sich die Kalkulation genau angesehen hat.

MONIKA
Herr Borowiak unterzeichnet den Vorvertrag nur, wenn man ein paar bauliche Maßnahmen vereinfacht.

KLAUS
Wir lassen das Projekt gerade neu durchrechnen. Voraussichtlich gehen wir um hunderttausend runter.

Philip sieht ihn erstaunt an.

WILKE
Ihr haut einfach das Gerempel auf dem Dach weg und lasst den ganzen anderen Schnickschnack weg, dann kommen wir schon ins Geschäft.

PHILIP
Aber, Herr Wilke, wir können doch die Fassade nicht einfach weglassen-

KLAUS
Herr Lorenz, jetzt halten Sie sich mal ein bisschen zurück!

PHILIP
Ohne das Glas...

Wilke hebt sein Glas, die anderen folgen ihm.

WILKE
Also ich schlage vor, dass wir unsere kleine Feier in privatem Rahmen fortführen. Darf ich Sie einladen? Herr Fengler?

KLAUS
Sehr gern.

Beata zwingt sich zu einem Lächeln. Man sieht ihr an, dass sie gehofft hatte, der Abend wäre hier zu Ende.

STRASSE VOR DEM RESTAURANT AUSSEN/NACHT

Die Gruppe kommt aus dem Lokal. Philip hält den anderen die Tür auf.

BEATA
Mir wär lieber, wenn du nicht mitkommst.

PHILIP
Warum denn?

BEATA
Fahr nach hause. Es ist besser.

Wilke hakt Beata unter, zieht sie mit sich zu seinem Wagen. Klaus kommt dazu und drückt Philip den Schlüssel des Mietwagens in die Hand.

KLAUS
Seien Sie bitte so nett und
bringen Sie den Wagen nach.

Klaus steigt bei Wilke ein. Philip beobachtet, wie Beata sich hinten zu Borowiak und Monika setzt.

IN INGOS WAGEN AUSSEN/NACHT

Simone sitzt am Steuer, Ingo neben ihr.

SIMONE
Ich muss Ihnen was zeigen.
Aber versprechen Sie mir,
dass Sie im Wagen
sitzen bleiben werden.

INGO
Klingt ja spannend.
Also gut.
Ich bleibe im Wagen.

SIMONE
Versprochen?

INGO
Ja. Versprochen.

Ein kurzer Zeitsprung: Simone und Ingo erreichen die zweite König-Filiale.

INGO
Das glaub ich nicht.

Ingo steigt aus.

SIMONE
Bleiben Sie hier, Sie haben's versprochen!

Ingo hört nicht auf Simone.

SIMONE
Sie können das jetzt eh nicht mehr ändern.

ZWEITE KÖNIG-FILIALE INNEN/NACHT

Ein paar junge Leute sind mit letzten Renovierungsarbeiten beschäftigt. Ein bisschen Farbe kommt noch an die Wände, ein Kassentisch wird zusammengezimmert. Ingo wendet sich an eine junge Frau in Latzhose.

INGO
Darf ich Sie mal fragen, was das hier wird?

JUNGE FRAU
Wir haben hier morgen ne kleine
Eröffnungsfeier.
Können Sie gern dazukommen, wenn Sie wollen.
Es gibt ein bisschen Kuchen und Kaffee.

INGO
Ich wusste gar nicht, dass hier noch
eine zweite Filiale aufmacht.

JUNGE FRAU
Hat uns auch überrascht, dass das
auf einmal alles so schnell ging.

INGO
Und die Matratzen? Wo kommen die her?

So langsam kommen der Frau Ingos Fragen seltsam vor.

JUNGE FRAU
Die sind aus ner ehemaligen Filiale.
Hat dicht gemacht, so viel ich weiß.

INGO
Nein! Die hat nicht dicht gemacht!

JUNGE FRAU (ruft ins Hinterzimmer)
Achim! Kommst du mal!

Achim, der am Vortag die Matratzen geholt hat, taucht auf.

INGO
Die gehören alle mir, die Matratzen.
Und ich bestimme, wann mein Laden
dicht macht und wann nicht.

ACHIM
Würd es Ihnen was ausmachen,
meinen Laden zu verlassen?

INGO
Erst die Matratzen!
Ich lass mich nicht verarschen!

Ingo verliert die Nerven. Von einem Matratzenstapel reißt er die oberen Matratzen herunter. Achim zieht Ingo von den Matratzen weg. Er wehrt sich. Simone gelingt es, für einen Moment dazwischen zu gehen.

SIMONE
Ingo, das bringt doch nichts. Kommen Sie jetzt!

Ingo macht sich los, attackiert erneut sein Gegenüber. Wie ein giftiger kleiner Köter. Dann landet die kräftige Faust Achims in Ingos Gesicht. Er geht zu Boden. Ingos Augenbraue blutet. Er rappelt sich hoch und stürzt aus dem Laden. In seiner Wut reißt er noch die halbe Deko von der Tür.

VOR DEM LADEN AUSSEN/NACHT

Ingo entfernt sich schnellen Schrittes aus dem Laden. Simone beeilt sich, ihm hinterherzukommen.

SIMONE
Ingo! Jetzt warten Sie doch mal!

Ingo will nicht reden. Aber Simone lässt nicht locker.

SIMONE
Es tut mir Leid. Ist alles meine Schuld.
Ich hätte Ihnen das nicht zeigen sollen.

INGO
Ich hab die Schnauze voll! Schluss, aus.

SIMONE
Vielleicht kann man aus dem Laden
ja irgendwas anderes machen. Vielleicht
wirklich einen kleinen Imbiss.

Ingos ganzer Frust der letzten Tage kommt an die Oberfläche.

INGO
Ja, nen Imbiss. Natürlich!
Ich mach Chinapfanne und Sie
setzen sich'n Strohhut auf.

SIMONE
Man kanns doch zumindest ver-

INGO
Ich bin pleite!
Haben Sie das nicht kapiert?!
Sie müssen sich jemand anderen suchen.
Ich kann Sie nicht mehr bezahlen.
Nicht fürs kochen, nicht dafür, dass Sie mich
durch die Stadt fahren, ich kann
überhaupt keinen Pfennig bezahlen.

Simone sieht Ingo an. Sie kann nicht glauben, was er sagt.

SIMONE
Sind Sie schon mal auf
die Idee gekommen,
dass mal irgendjemand was macht,
ohne dafür gleich immer
Geld zu wollen?
Sie sind ja völlig
auf diesen Scheißladen fixiert.

INGO
Man sollte mir dankbar sein,
dass ich überhaupt versuche,
in diesem maroden Drecksloch
irgendwas auf die Beine zu stellen.
Ich hätt ne Buschzulage verdient,
finden Sie nicht? Stattdessen wird man
an allen Ecken und Enden
boykottiert und sabotiert.

SIMONE
Hat Sie denn irgend jemand
gebeten, hier her zu kommen?
Warum sind Sie denn nicht einfach
da geblieben, wo Sie
herkommen? Im Westen,
wo es so toll ist!
Wenn es hier so unglaublich
beschissen ist!

Ingo sieht Simone an. Er setzt noch einmal an, etwas zu sagen, aber dann ist seine Kraft endgültig am Ende. Ingo bleibt einfach stehen, hilflos. Simone hat recht mit dem, was sie sagt, und Ingo ist dabei, es zu merken.

SIMONE
Tut mir leid.

INGO
Ich hab doch schon alles versucht.
Ich kann nicht mehr.

Simone sieht ihn an. Sie zögert, dann umarmt sie ihn.

WEG ZU WILKES HAUS, FRANKFURT AUSSEN/NACHT

Ein Haus im Stil der 30er Jahre, mit weitläufigem See-grundstück.

KLAUS
Die Lage ist ja hervorragend.

Die Gruppe ist am Gartentor angelangt. Philip hat Klaus' Wagen in einiger Entfernung eingeparkt und beobachtet, wie Wilke einen dicken Packen Werbung aus dem Postkasten am Gartentor holt.

WILKE
Ich habe es vor einem Jahr von einer Erbengemeinschaft gekauft. Mit Möbeln und allem drum und dran. Aber meine Frau wollte nicht einziehen. Was soll man da machen?

EINGANGSBEREICH, HAUS WILKE INNEN/NACHT

Das Licht geht an. Die Gäste treten ein und sehen sich um.

WILKE
Nur herein. Folgen Sie mir. Dort ist die Bar. Wenn die Damen vielleicht so freundlich wären, sich um die Getränke zu kümmern. Fühlen Sie sich wie zuhause.

VORGARTEN, HAUS WILKE AUSSEN/NACHT

Philip nähert sich dem Eingang. Aus dem Wohnzimmer hört er Stimmen und Gelächter. Er geht um das Haus herum und sieht durch das Esszimmerfenster, wie Beata zielstrebig Getränke aus einem Wandschrank holt. Mit einem Mal taucht Wilke auf der Terrasse auf.

WILKE
Ach, der junge Architekt. Schleicht sich über die Terrasse rein, was? Kommen Sie rein, ich zeig Ihnen das Haus.

FLUR, ANTONIS HAUS INNEN/NACHT

Milena holt einen großen Pappkarton aus einem alten Schrank. Sie pustet ein wenig Staub weg, dann hebt sie vorsichtig den Deckel: Ordentlich gefaltet liegt ihr Hochzeitskleid im Karton. Darauf ein paar getrocknete Blumen. Milena hält sich das Kleid kurz an den Körper und betrachtet sich in einem Spiegel, der in den Schrank eingelassen ist.

KAMMER, ANTONIS HAUS INNEN/NACHT

Milena sitzt an einer Nähmaschine. Sie hat ihr Hochzeitskleid zerschnitten und näht ein Kommunionskleid.

TANKSTELLE, SLUBICE AUSSEN/NACHT

Antoni, Dimitri und Anna warten noch immer im Taxi.

ANNA (russisch)
Wo ist er?
Wo bleibt der Typ,
der uns über den Fluss
bringen soll?

DIMITRI (russisch)
Anna!

ANNA
Ich glaube langsam,
den gibt es gar nicht.

Antoni steigt aus dem Taxi.

ANTONI
Ich bin gleich zurück.

DIMITRI
Was hast du gegen ihn?
Sieht der aus wie jemand,
der uns übers Ohr haut?

TANKSTELLE UND BAR, SLUBICE AUSSEN, INNEN/NACHT

Vom Fernsprecher aus ruft Antoni erneut Czeslaw an.

ANTONI (polnisch)
Was ist los?
Wir warten hier schon ewig.

Czeslaw ist der letzte Gast in einer Bar. Mit einer Geste bittet er die Kellnerin, keinen Lärm zu machen.

CZESLAW (polnisch)
Gut dass Sie anrufen.
Ich bin hier am Fluss
und schaue mich gerade um.

ANTONI (polnisch)
Und?

CZESLAW
Es ist noch nicht sicher.
Da sind Patrouillen
vom Bundesgrenzschutz.

ANTONI
Wie lang sollen wir noch warten?

CZESLAW
Bis fünf Uhr früh.

ANTONI
Bis fünf?

CZESLAW
Ja. Da wechselt die Schicht.
Dann können Sie gefahrlos über den Fluss.

ANTONI
Aber um fünf wird es schon hell.

CZESLAW
Das ist das Gute. Dann rechnen
die nicht mehr damit. Verstehen Sie?

WOHNZIMMER UND TERRASSE, HAUS WILKE INNEN/NACHT

Ein großer Raum mit wuchtigen, dunklen Möbeln. Die drei Flügeltüren zur Terrasse sind geöffnet. Monika tanzt mit einem Glas in der Hand selbstvergessen zu ruhiger Musik. Borowiak taut langsam auf. Er sitzt neben Beata auf der Ledergarnitur. Klaus dreht sich in einem Fernsehsessel und nippt an seinem Glas. Monika stolpert und fällt in seinen Schoß. Der Inhalt seines Glases ist über seinen Anzug gekippt.

MONIKA
Das tut mir furchtbar leid.

KLAUS
Ist kein Problem. Im Preis inbegriffen.

ESSZIMMER UND FLUR, HAUS WILKE INNEN/NACHT

Philip und Wilke sind allein im Esszimmer. Irritiert sieht Philip durch die offene Tür, wie Borowiak Monika an sich zieht und ihren Po umfasst. Dann schließt Wilke die Tür, und der Blick ist versperrt. Philip ist überhaupt nicht klar, in welche Richtung dieser Abend geht.

WILKE
Hat Ihr Chef mit Ihnen gesprochen?

PHILIP
Worüber? Über die Kürzung des Etats?

WILKE
Nein. Sie kennen Beata, nicht wahr?
Wissen Sie, ich mag sie. Sie gehört zu
den Menschen, über die ich mir Gedanken mache,
bei denen es mir wichtig ist, dass es
ihnen gut geht. Machen Sie sich
auch Gedanken um Beata?

PHILIP
Wollen Sie mir
ein Gespräch aufzwingen?

WILKE
Nun seien Sie doch nicht
gleich so empfindlich.
Haben Sie was dagegen,
wenn Beata heute Nacht
hier bleibt?

PHILIP
Was?

WILKE
Ich würd gern
mit ihr schlafen.

Philip ist völlig perplex.

PHILIP
Entschuldigen Sie mich.

Philip verlässt das Zimmer, steuert auf Beata zu. Klaus fängt ihn ab.

KLAUS
Philip!
Was ist denn los?

PHILIP
Das würde ich auch gern wissen!
Was läuft hier eigentlich?

KLAUS
Ich versteh nicht ganz.

PHILIP
Beata ist kein Bestechungsgeschenk.
Das ist doch das Allerletzte!

KLAUS
Philip. Moment.
Jetzt hören Sie zu.
Die sind alt genug, um selbst zu wissen,
wie weit sie gehen können.
Kommen Sie mal mit.

VOR HAUS WILKE   AUSSEN/NACHT

Klaus redet auf Philip ein.

PHILIP
Wer hat für die beiden bezahlt?

KLAUS
Wilke und Borowiak wollen sich
ein bisschen amüsieren. Die beiden Mädchen
sehen das nicht so eng. Die wollen
eine gute Zeit haben, und wenn dabei noch
`n bisschen Geld rausspringt, um so besser.

PHILIP
Ich will wissen, wer
für die beiden bezahlt hat!

KLAUS
Ich hab dafür bezahlt. Na und?
Wo liegt denn verdammt noch mal
das Problem?!
Offenbar läuft das hier so.

PHILIP
Das ist doch 'n Witz.
Ein ganz beschissener Witz.

Philip will ins Haus zurück. Klaus drückt ihn an die Wand.

KLAUS
Jetzt bleiben Sie hier.
Wenn Sie mir das hier kaputt machen,
dann brauchen Sie morgen
erst gar nicht mehr
in der Firma aufzutauchen.
Ja?

Philip reißt sich los, Klaus packt ihn am Arm.

KLAUS
Willkommen in der Wirklichkeit, Philip!

WOHNZIMMER, HAUS WILKE INNEN/NACHT

Philip betritt das Wohnzimmer, sieht Beata dort stehen und geht auf die Terrasse. Beata zögert einen Moment, dann folgt sie ihm.

PHILIP
Warum hast du mir nichts gesagt?

BEATA
Weil es dich nichts angeht.

PHILIP
Aber ich kann dir helfen, Beata.
Wenn du Geld brauchst,
ich geb dir Geld.

BEATA
Ich komm gut allein klar. Danke.

PHILIP
Lass uns weggehen von hier! Bitte, irgendwo hin.

BEATA
Hör auf, dir was vorzumachen, Philip.
Du fährst morgen früh nach Berlin
und machst Deinen Job. Und ich bleib hier
und mach meinen Job.

PHILIP
Aber wir können uns doch wiedersehen,
wenn ich wiederkomme. Oder du kommst
nach Berlin.

BEATA
Ich glaub nicht, dass das geht, Philip.
Wirklich. Mach dir keine Sorgen um mich.
Ich komm schon klar.

Beata lässt Philip auf der Terrasse stehen und geht zurück ins Wohnzimmer. Wilke nimmt sie in den Arm und tröstet sie. Philip geht auf die beiden zu, packt Beata an der Schulter.

PHILIP
Lassen Sie sie los!

Für ihn unerwartet setzt Beata sich zur Wehr. Philip ist dabei, sich lächerlich zu machen. Ein völlig missglückter Auftritt. Seine verzweifelte Wut entlädt sich.

BEATA
Philip! Lass das!

PHILIP (zu Wilke)
Glauben Sie, dass Sie hier
alles kaufen können, oder wie?

KLAUS
Jetzt reißen Sie sich aber zusammen!

WILKE (zu Philip)
Für Sie, Ihren Chef
und die Kleine reichts!
Glauben Sie es mir!

Klaus geht dazwischen und trennt die beiden. Philip steht auf verlorenem Posten. Er hat Wilke nichts mehr entgegenzusetzen. Die Tränen schießen ihm in die Augen. Voll Zorn verlässt er das Haus.

STRASSE VOR DEM HAUS WILKES AUSSEN/NACHT

Philip kommt auf die Straße, betreten und kraftlos. Sein Hemd hängt aus der Hose, das Jackett ist unter einem Arm gerissen. Aus dem Wohnzimmer ist noch leise Musik und Monikas Lachen zu hören. Philip geht ein paar Schritte, dann bleibt er stehen, starrt in die Nacht.

AM UFER DER ODER, SLUBICE AUSSEN/TAG

Erstes Morgenlicht. Anna, Dimitri und Antoni machen sich fertig, die Oder zu überqueren. Nicht nur das Baby ist gut eingepackt, auch das Gepäck der beiden steckt in Mülltüten.

Ein kurzer Zeitprung: Die drei waten durch den Fluss. Antoni geht voran, hinter ihm Anna mit Ben und zuletzt Dimitri mit dem Gepäck.

Flussmitte. Dimitri und Anna reicht das Wasser bis zur Hüfte. Antoni geht voran, das Wasser bis zum Bauch. Dimitri bemerkt, dass Anna zögert.

DIMITRI (russisch)
Was ist? Komm!

ANNA (russisch)
Ich geh nicht weiter.

ANTONI (gebrochen russisch)
Nur noch ein paar Meter.

DIMITRI (zu Anna)
Gib mir den Jungen.

Anna gerät in Panik. Dimitri macht ein paar Schritte auf sie zu, will sie beruhigen. Er rutscht weg. Sofort zieht ihn die Strömung mit. Anna ist jetzt völlig hysterisch.

ANNA
Dimitri! Dimitri!

Dimitri wird weit flussabwärts mitgezogen. Anna drückt das Kind fest an sich, rührt sich nicht mehr von der Stelle.

In der Ferne sehen Anna und Antoni, wie Dimitri Boden unter die Füße bekommt. Er bewegt sich auf das polnische Ufer zu. Antoni watet auf Anna zu.

ANTONI
Wir gehen zurück.

AM UFER DER ODER, SLUBICE AUSSEN/TAG

Antoni hilft Anna die Böschung hoch. Sie läuft los in Richtung Dimitri. Man sieht, wie auch er in einiger Entfernung die Böschung hochkommt, dann geht er in die Knie.

Ein Zeitsprung. Anna kniet mit dem Kind im Arm neben Dimitri. Sie zieht ihm das nasse Jackett aus, küsst sein Gesicht und überschüttet ihn mit Vorwürfen und Koseworten.

Antoni holt trockene Kleidung aus einem Sack und eine Decke aus dem Taxi. Dimitri zittert. Antoni hilft Anna, ihm Pullover und Hemd auszuziehen.

Während Anna und Dimitri mit sich und ihrem Kind genug zu tun haben, sitzt Antoni erschöpft in der offenen Fahrertür seines Taxis. In einiger Entfernung, auf der Promenade, sieht er eine fein angezogene Familie mit einer Tochter im Kommunionskleid. Sie sind auf dem Weg in die Kirche.

Antonis Blick fällt auf Dimitris Jackett, das zum Trocknen im Gras liegt. Unbemerkt nimmt er es an sich, greift in die Innentasche und nimmt zweihundert Dollar aus dem Portemonnaie.

STRASSE VOR DEM HAUS WILKES AUSSEN/TAG

Monika und Beata verlassen das Haus. Ihre Frisuren sind improvisiert hochgesteckt. Monika hat ihre Schuhe in der Hand. Beata wirkt ernst.

Sie sehen den Mietwagen der Architekten vor dem Haus parken. Monika entdeckt, dass Philip darin schläft.

MONIKA (polnisch)
Ich weck ihn.
Er kann uns nach Slubice fahren.

BEATA (polnisch)
Das Taxi muss jeden Moment kommen.

MONIKA
Willst du ihm nicht wenigstens
auf Wiedersehen sagen?

BEATA
Monika.
Bitte halt jetzt einfach den Mund.
Ich hab Kopfschmerzen.

Sie gehen die Straße hinunter. Aus der Ferne nähert sich das Scheinwerferpaar eines Taxis.

MONIKA
Vielleicht hab ich noch ne Tablette.

Sie kramt in ihrer Handtasche. Beata geht eilig weiter, dem Taxi entgegen.

MONIKA
Beata. Jetzt warte doch mal.

BUSBAHNHOF, SLUBICE AUSSEN/TAG

Antoni setzt Anna und Dimitri am Busbahnhof ab.

DIMITRI (russisch)
Danke nochmal.
Sie haben uns nicht im Stich gelassen.

ANTONI (gebrochen russisch)
Schon gut.

Als Dimitiri ihn umarmt, ist es Antoni sehr unangenehm.

DIMITRI
Tur mir leid, dass es
nicht geklappt hat.

ANTONI

Ja.

KÜCHE, ANTONIS HAUS INNEN/TAG

Marysia steht auf einem Stuhl. Sie probiert das Kleid an, das Milena für sie genäht hat. Es steht ihr sehr gut.

BEKLEIDUNGSGESCHÄFT, SLUBICE AUSSEN/TAG

Antoni erreicht außer Atem den kleinen Laden. Er klingelt Sturm. Endlich öffnet die Besitzerin im Morgenmantel die Tür.

BESITZERIN (polnisch)
Was wollen Sie?

ANTONI (polnisch)
Das Kleid. Für meine Tochter
Ich hab das Geld.

Antoni zieht ein Bündel Dollarnoten aus der Tasche.

TREPPENHAUS, HAUS MAIK INNEN/TAG

Andreas schläft auf halber Treppe in einer Nische. Die Hupe des Transporters weckt ihn. Aus dem Fenster sieht er, wie Marko zu Maik in den Wagen steigt, dann fährt der Transporter vom Hof. Katharina folgt kurz danach auf dem Mofa.

Andreas geht langsam die Treppe runter. Im Flur steht das Telefon. Andreas zögert, dann nimmt er den Hörer und wählt.

ANDREAS
Ist da die Polizei?

VOR ANTONIS HAUS UND KÜCHE AUSSEN, INNEN/TAG

Antoni kommt zuhause an, die Schachtel mit dem Kleid in der Hand. Es ist niemand mehr da.

GANG UND ABTEIL, ZUG WARSCHAU-BERLIN INNEN/TAG

Zwei Zollbeamte durchkämmen eilig Abteil für Abteil und stoßen schließlich auf Marko, der am geöffneten Fenster steht. Auf einem Sitz seine geöffnete Reisetasche. Er schnappt die Tasche, will sie hinauswerfen. Ein Beamter hat ihm in den Arm gegriffen, reißt Marko zurück. Ein kurzes Handgemenge. Der zweite Beamte hat sich ebenfalls ins Abteil geschoben. Mit vereinten Kräften pressen sie Marko in den Sitz, bis sein Widerstand erlahmt. Jeder hält ihn an einem Arm. Marko starrt sie wütend an.

BAHNDAMM, STADTRAND FRANKFURT AUSSEN/TAG

Katharina auf dem Mofa. Sie sieht hinüber zum Zug. Kein Päckchen wird hinausgeworfen. Als der Zug vorbei ist, hält sie an und weiß nicht, was sie tun soll.

VOR DER KIRCHE, SLUBICE AUSSEN/TAG

Die Glocken läuten. Antoni rennt über den leeren Vorplatz. In der Hand hat er die Schachtel mit dem Kleid. Die anderen Familien sind schon in der Kirche.

KIRCHE IN SLUBICE INNEN/TAG

Die heilige Kommunion. Der Pfarrer zündet mit seiner Kerze die Kommunionskerzen der Kinder an.

Antoni kommt in die Kirche. Er verlangsamt seinen Lauf, geht ein paar Reihen nach vorn, bis er seine Tochter zwischen den anderen Mädchen entdeckt. Sie sieht bezaubernd aus in ihrem Kleid. Antoni legt seine Schachtel ab und setzt sich in eine der hinteren Reihen. Ein Blickwechsel zwischen ihm und Milena. Antoni senkt beschämt den Blick.

ENDE

Regie	Hans-Christian Schmid
Produzenten	Jakob Claussen Thomas Wöbke
Drehbuch	Hans-Christian Schmid Michael Gutmann
Ausführende Produzentin	Uli Putz
Produktionsleitung	Anja C. Klement
Casting	Simone Bär
Kamera	Bogumil Godfrejow
Szenenbild	Christian M. Goldbeck
Schnitt	Hansjörg Weißbrich BFS
Kostüme	Ulrike Scharfschwerdt
Maske	Tatjana Krauskopf
Ton	Marc Parisotto Stefan Michalik
Mischung	Martin Steyer
Musik	The Notwist
Redaktion	Daniel Blum, ZDF Georg Steinert, Arte

LICHTER wurde im Februar 2003 im Wettbewerb der Internationalen Filmfestspiele Berlin uraufgeführt und mit dem FIPRESCI-Preis der Internationalen Filmkritik ausgezeichnet.

Gedreht im September und Oktober 2002 in Frankfurt an der Oder, Slubice und Berlin.

KOLJA	Ivan Shvedoff
DIMITRI	Sergej Frolov
ANNA	Anna Janowskaja
ANDREAS	Sebastian Urzendowsky
KATHARINA	Alice Dwyer
MARKO	Martin Kiefer
MAIK	Tom Jahn
INGO	Devid Striesow
SIMONE	Claudia Geisler
ANTONI	Zbigniew Zamachowski
MILENA	Aleksandra Justa
MARYSIA	Marysia Zamachowska
SONJA	Maria Simon
CHRISTOPH	Janek Rieke
PHILIP	August Diehl
BEATA	Julia Krynke
KLAUS	Herbert Knaup
WILKE	Henry Hübchen
KAMIL	Marek Zeranski
ACHIM	Michael Sideris
PETZOLD	Michael Gerber
MONIKA	Agnieszka Duleba-Kasza

u.v.a.

Anmerkung zum Drehbuch

Das hier abgedruckte Drehbuch entspricht im wesentlichen der Fassung, die zu Drehbeginn vorlag, ergänzt durch Änderungen, die sich während der Dreharbeiten ergeben haben.
Umstellungen und Kürzungen, die später im Schneideraum vorgenommen wurden, sind nicht berücksichtigt.
Mehrere Szenen, die im Film nicht mehr enthalten sind, wurden mit einem Asteriskus (*) gekennzeichnet.
Wenn in einer Szene durchgehend polnisch oder russisch gesprochen wird, ist die jeweilige Sprache nur am Anfang der Szene in Klammern hinter den ersten beiden Rollennamen angegeben.

Vielen Dank: Jakob Claussen, Sandra Eichler, Ingo Fliess, Sylvia Selbert, Amelie Syberberg

Buchgestaltung: Sandra Eichler

Filmmusik: The Notwist
Soundtrack erschienen auf Vinyl bei ALIENTRANSISTOR. Im Vertrieb von HAUSMUSIK.

www.lichter-der-film.de

LICHTER ist eine Claussen+Wöbke Filmproduktion in Co-produktion mit dem ZDF und in Zusammenarbeit mit ARTE.

Gefördert durch

FilmFernsehFonds Bayern
Filmförderungsanstalt
Filmstiftung Nordrhein-Westfalen
Filmboard Berlin-Brandenburg
Kulturelle Filmförderung des Bundes

Verleih: PROKINO
Weltvertrieb: BAVARIA FILM